O ROTEIRO DA RIQUEZA

O MAPA PARA A LIBERDADE FINANCEIRA

MARCELO MANZOLI

Dados Internacionais de Catalogação na Publicação (CIP)
(Câmara Brasileira do Livro, SP, Brasil)

Manzoli, Marcelo
O roteiro da riqueza : o mapa da liberdade financeira / Marcelo Manzoli. -- Campos dos Goytacazes, RJ : Ed. do Autor, 2025.

ISBN 978-65-01-53696-5

1. Dinheiro - Administração 2. Educação financeira 3. Finanças - Administração 4. Finanças pessoais 5. Investimentos I. Título.

Índices para catálogo sistemático:
1. Educação financeira : Economia 332.6

Cibele Maria Dias - Bibliotecária - CRB-8/9427

DEDICATÓRIA

Para minha amada família e meus queridos amigos, pelo apoio e inspiração constantes.

E para você, que acredita que a gestão financeira inteligente é possível, e para todos aqueles que buscam não apenas recursos financeiros, mas uma vida com propósito, tempo e verdadeira riqueza de vida.

Que este livro seja o mapa e a inspiração para o seu próprio caminho de transformação.

AGRADECIMENTOS

Agradeço primeiramente à minha família, por ser a base e a inspiração para cada palavra escrita. Sem o apoio incondicional e o amor diário, esta jornada não seria possível.

A todos os mentores, autores e educadores financeiros que, com sua sabedoria, pavimentaram o caminho para o conhecimento que hoje compartilho.

E, de forma muito especial, a você, leitor. Sua busca por conhecimento e sua dedicação em melhorar sua vida financeira são a maior motivação para este trabalho. Que cada página ressoe com seus sonhos e o impulsione para a ação.

APRESENTAÇÃO: O INÍCIO DE SUA JORNADA

Você já se perguntou por que algumas pessoas parecem ter uma relação tão natural com o dinheiro, enquanto para outras, ele é uma fonte constante de estresse e preocupação? Ou talvez você se sinta preso em um ciclo de "ganhar-gastar", sonhando com uma vida mais tranquila, mas sem saber por onde começar. Se essas perguntas ecoam em sua mente, "O Roteiro da Riqueza: Seu Guia Definitivo para a Liberdade Financeira" foi escrito para você.

Bem-vindo a uma jornada de transformação que vai muito além das planilhas e dos gráficos de investimento. Esta não é apenas uma leitura sobre como gerenciar seus recursos financeiros, mas sim sobre como construir a vida que você deseja, com equilíbrio, propósito e um certo grau de segurança. Ao longo destas páginas, convido você a compreender o universo financeiro, a redefinir seu relacionamento com o dinheiro e a descobrir o poder que reside em suas próprias mãos.

Muitos livros sobre finanças focam apenas no "o quê" e no "como" investir. Nós faremos isso, claro. Mas nosso ponto de partida será num lugar ainda mais fundamental: dentro de você. Abordaremos a mentalidade que as pessoas verdadeiramente prósperas e bem-sucedidas cultivam, os hábitos que as impulsionam e as atitudes que as blindam contra as adversidades.

Vamos juntos desvendar:

O poder da sua mente para atrair e gerenciar a prosperidade.

Como organizar suas finanças de forma simples e eficaz, eliminando o estresse do dia a dia.

Estratégias práticas para sair das dívidas e nunca mais voltar.

Maneiras inteligentes de aumentar seus rendimentos, explorando oportunidades que talvez você nem imagine.

O universo dos investimentos, desde os passos iniciais e seguros até ações, fundos imobiliários e até mesmo o intrigante mundo do Bitcoin, tudo explicado de forma clara e acessível, sempre com ênfase na cautela e no planejamento.

Como proteger seu patrimônio e planejar um futuro tranquilo para você e sua família, com a segurança circunstancial que o dinheiro pode oferecer.

O verdadeiro significado da renda passiva, que permite que seu dinheiro trabalhe por você, liberando seu tempo para o que realmente importa.

Estratégias para gerenciar as finanças em casal e família, transformando o dinheiro em um elo de união e prosperidade.

Este livro é um guia prático e humanizado, com exemplos e insights que você poderá aplicar imediatamente em sua vida. Não espere fórmulas mágicas ou atalhos. A prosperidade é construída com disciplina, conhecimento e, acima de tudo, ação consistente.

Prepare-se para desafiar suas crenças, aprender novas habilidades e, o mais importante, assumir o controle total do seu destino financeiro. A transformação será recompensadora, e eu estarei aqui para guiá-lo a cada passo.

Sua Liberdade Financeira o espera. Vamos começar!

SUMÁRIO

CAPÍTULO 1 — O DESPERTAR DA RIQUEZA

O caminho para uma segurança financeira não começa em planilhas complexas ou com a compra de ações no mercado. Ele começa, na verdade, dentro de você, na forma como você pensa e se relaciona com o dinheiro. A mentalidade é o alicerce invisível sobre o qual toda a sua prosperidade será construída. Sem uma base mental sólida, qualquer estratégia financeira, por mais brilhante que seja, pode desmoronar diante dos primeiros desafios.

Este capítulo é o ponto de partida para essa transformação interior. Vamos explorar como suas crenças, hábitos e atitudes moldam sua realidade financeira e como você pode reprogramar sua mente para atrair e gerenciar a prosperidade de forma responsável.

1.1 O Que É Riqueza Para Você?

Antes de embarcar em qualquer jornada, é fundamental saber qual é o seu destino. Para muitos, a palavra "riqueza" evoca imagens de carros de luxo, mansões e contas bancárias astronômicas. E, sim, o dinheiro é parte integrante da riqueza. No entanto, a verdadeira riqueza transcende o acúmulo monetário.

Para o propósito deste roteiro, definiremos riqueza como a capacidade de viver a vida nos seus próprios termos, com tempo, propósito e um pilar de segurança financeira para realizar seus sonhos. É a liberdade de escolher como você gasta seu tempo, de se dedicar ao que ama, de não ser refém de um salário ou de um emprego que não te satisfaz. É a tranquilidade de saber que, aconteça o que acontecer, você e sua família terão uma base de proteção. É importante, contudo, reconhecer que a segurança que o dinheiro proporciona é relativa. Ele oferece um escudo poderoso contra muitas das incertezas da vida moderna e abre portas para oportunidades, mas não garante a ausência de todos os problemas ou a felicidade plena. O dinheiro é uma ferramenta essencial que nos ajuda a navegar o mundo, mas não é a solução para tudo.

- Dinheiro como ferramenta: O dinheiro é um meio, não um fim. Ele é uma ferramenta poderosa que, quando usada com sabedoria, pode multiplicar suas opções e te dar o poder de escolha. Se o dinheiro é um fim em si mesmo, a busca por ele pode se tornar exaustiva e vazia. A verdadeira satisfação vem da aplicação do dinheiro para criar a vida que você deseja, e não do simples ato de tê-lo.
- Tempo é um recurso valioso: Em um mundo cada vez mais conectado e acelerado, o tempo se tornou um recurso escasso e valioso. A boa gestão dos recursos financeiros permite que você tenha tempo para o que realmente importa: a família, os amigos, a saúde, o desenvolvimento pessoal, seus hobbies e paixões. Imagine ter a liberdade de acordar sem despertador, de passar mais tempo com seus filhos, de viajar sem se preocupar com as férias do trabalho. Isso é tempo, e tempo é um recurso inestimável na busca pela liberdade financeira.
- Propósito e significado: O dinheiro, por si só, não traz felicidade duradoura. A felicidade e a realização vêm de uma vida com propósito e significado. A segurança financeira pode ampliar sua capacidade de impactar positivamente o mundo ao seu redor, seja através de investimentos em causas que

você acredita, do apoio a projetos sociais ou da criação de negócios que geram valor real para as pessoas e para a comunidade. Quando seu dinheiro serve a um propósito maior, ele se torna uma fonte de satisfação e legado.

Portanto, ao pensar em riqueza, vá além dos cifrões. Visualize a vida que você quer viver, as experiências que deseja ter, o impacto que quer deixar. Essa visão clara será seu maior motivador e seu guia em toda a jornada.

1.2 Quebrando Mitos e Crenças

Muitos de nós crescemos ouvindo frases e absorvendo ideias sobre dinheiro que, sem perceber, se tornaram crenças limitantes. Essas crenças são como âncoras invisíveis que nos impedem de progredir financeiramente. Identificá-las e desconstruí-las é um passo fundamental para mudar sua realidade. Elas são transmitidas de geração em geração, por meio da família, da escola, da mídia e da cultura em geral, e muitas vezes se alojam em nosso subconsciente, agindo como programas automáticos que direcionam nossas decisões financeiras sem que percebamos.

1.2.1 Mito 1: "Dinheiro É Sujo/Mal"

Essa é uma das crenças mais arraigadas e prejudiciais. A ideia de que "dinheiro é a raiz de todo mal" ou que "pessoas ricas são desonestas" pode vir de diversas fontes – educação familiar, cultura, mídia. O problema é que, se você, mesmo que inconscientemente, associa dinheiro a algo negativo, sua mente trabalhará para se afastar dele. Afinal, quem quer algo "sujo" ou "mal"? Essa crença pode gerar culpa ao ganhar mais, medo de ter dinheiro ou até mesmo uma autossabotagem que te impede de prosperar.

- A verdade: As Escrituras Sagradas ensinam que o apego excessivo ao dinheiro pode levar a todo tipo de males (conforme 1 Timóteo, capítulo 6, versículo 10). Repare que a ênfase não está no dinheiro em si, mas no amor desmedido a ele. O dinheiro é, na verdade, uma ferramenta neutra. Ele amplifica o que você já é. Se você é uma pessoa com boas intenções e princípios, o dinheiro pode ser usado para fazer mais coisas boas. Se suas intenções não são positivas, ele pode ser usado para o mal. O dinheiro é apenas um meio de troca, um facilitador de transações e um reservatório de valor. É a intenção e a forma como ele é usado que definem se ele é "bom" ou "mau".
- Adote uma nova perspectiva: Comece a ver o dinheiro como uma fonte de oportunidades, um certo grau de segurança, e um amplificador de impacto positivo. Visualize o bem que você pode fazer com ele: apoiar sua família, investir em sua saúde e educação, contribuir com causas nobres e comunitárias, criar empregos, e desenvolver sua comunidade. Ao associar o dinheiro a coisas positivas e ao seu bom uso, você remove bloqueios mentais e permite que ele seja um instrumento de valor em sua vida.

1.2.2 Mito 2: "É Preciso Ter Nascido Rico"

Este mito sugere que a riqueza é um privilégio de berço, inacessível para a maioria. Ele gera uma sensação de impotência e desmotivação, fazendo com que muitas pessoas nem tentem buscar a prosperidade, acreditando que é um jogo perdido e que não há espaço para elas. Essa crença é particularmente perigosa porque mina a proatividade e a autoconfiança.

- A verdade: Embora herdar fortuna possa ser um atalho, a grande maioria das pessoas que alcançou sucesso financeiro duradouro construiu sua prosperidade do zero. Elas aprenderam sobre dinheiro, tomaram decisões inteligentes, foram persistentes e disciplinadas. A história está repleta de exemplos de pessoas que vieram de origens humildes e alcançaram grande sucesso financeiro. Pense em grandes empreendedores, investidores e inventores que começaram com pouco ou nada. O que os diferencia não é a origem, mas a mentalidade e a ação.
- Adote uma nova perspectiva: Sua origem não define seu destino financeiro. O que define são suas escolhas, ações e aprendizado contínuo. Acesso à informação, a capacidade de aplicar o conhecimento, a resiliência para superar obstáculos e a disposição para trabalhar duro são as verdadeiras moedas do século XXI. Você tem o poder de construir sua própria história de sucesso.

1.2.3 Mito 3: "Dinheiro Não Traz Felicidade"

Este é um clássico. Embora seja verdade que dinheiro por si só não compra a felicidade intrínseca – como amor, paz interior ou propósito –, a ausência de dinheiro é uma fonte constante de infelicidade, estresse e limitação. Dizer que dinheiro não traz felicidade é uma forma de justificar a falta dele ou de romantizar a pobreza, ignorando o impacto real que a segurança financeira tem na qualidade de vida.

- A verdade: Dinheiro não compra a felicidade intrínseca, mas compra liberdade, conforto e uma forma de segurança, além da capacidade de resolver problemas. Ele permite que você invista em experiências que trazem felicidade (viagens, cursos, hobbies), acesse melhores serviços de saúde, garanta uma boa educação para seus filhos, ajude quem você ama e reduza drasticamente o estresse causado por contas, dívidas e incertezas. O dinheiro pode não ser a felicidade, mas é um facilitador poderoso para uma vida mais feliz, tranquila e com menos preocupações.
- Adote uma nova perspectiva: Dinheiro é um potencializador da felicidade e da realização. Ele remove barreiras, abre portas e permite que você explore ao máximo seu potencial e o de sua família. Ele te dá a capacidade de comprar tempo, que é um recurso escasso e inestimável, liberando você para se dedicar ao que verdadeiramente importa.

Refletir sobre essas crenças e conscientemente escolher substituí-las por pensamentos mais empoderadores é o primeiro grande passo do seu roteiro. O reconhecimento dessas raízes psicológicas é o que te permite podá-las e plantar novas sementes de prosperidade em seu lugar.

1.3 O Poder da Mentalidade de Abundância

Uma vez que você começa a desmistificar o dinheiro, o próximo passo é cultivar uma mentalidade de abundância. Isso se opõe à mentalidade de escassez, que é predominante e prejudicial em muitos aspectos da vida, não apenas nas finanças.

1.3.1 Escassez vs. Abundância

- Mentalidade de Escassez: Opera sob a crença de que recursos são limitados e que, para alguém ganhar, outro tem que perder. Isso gera medo, competição desleal, inveja, egoísmo e a sensação de que nunca há o suficiente. Quem pensa na escassez está sempre preocupado com o que falta, com a crise, com o que pode dar errado. Essa visão pessimista e restritiva paralisa a ação, inibe a criatividade e dificulta a percepção de novas oportunidades. É a mentalidade do "ou eu, ou ele".
- Mentalidade de Abundância: Acredita que há recursos suficientes para todos, e que a prosperidade de um não diminui a do outro. Foca nas oportunidades, na colaboração, na gratidão e na criação de valor. Quem pensa na abundância vê soluções, possibilidades, parcerias e acredita no crescimento ilimitado. Essa mentalidade impulsiona a ação, a

inovação, a generosidade e a crença de que o sucesso pode ser compartilhado. É a mentalidade do "eu e ele", do "ganha-ganha".

Adotar uma mentalidade de abundância não significa ignorar desafios ou viver em um mundo de fantasia, mas sim encará-los com uma perspectiva de solução e crescimento. Significa ver o copo meio cheio e buscar ativamente as oportunidades, mesmo em cenários adversos. É uma postura proativa diante da vida e das finanças.

1.3.2 A Importância da Gratidão

A gratidão é uma das ferramentas mais poderosas para cultivar a abundância e fortalecer sua mentalidade financeira. Quando você é grato pelo que já tem, sua mente se sintoniza com a prosperidade, e não com a falta.

- Como praticar: Diariamente, dedique alguns minutos para listar (mentalmente ou em um diário) três a cinco coisas pelas quais você é grato, por menores que sejam. Pode ser a água quente do chuveiro, a xícara de café, a oportunidade de ter um emprego, a saúde de sua família, ou simplesmente o fato de ter acordado e ter mais um dia de vida. Comece com as coisas mais básicas e depois expanda para aspectos financeiros, como "Sou grato por ter um teto sobre minha cabeça", "Sou grato por ter comida na mesa", "Sou grato pela oportunidade de aprender e crescer financeiramente".

- Impacto: A gratidão muda sua perspectiva de forma profunda e imediata. Ela reduz o estresse, a ansiedade e a sensação de carência. Ao focar no que você tem, em vez do que não tem, você atrai mais coisas boas para sua vida, melhora seu humor, suas relações e te ajuda a valorizar o processo, não apenas o resultado final. Ela cria um ciclo virtuoso de positividade, que se reflete em suas escolhas e atitudes financeiras. A gratidão é o reconhecimento de que já existe abundância em sua vida, abrindo espaço para que mais abundância se manifeste.

1.4 Definindo Seus Sonhos e Metas

Ter clareza sobre seus objetivos é como ter um GPS para sua jornada financeira. Sem metas claras, você estará navegando sem rumo, à deriva das circunstâncias e das prioridades alheias. Metas bem definidas são a bússola que o guiará, o mapa que o ajudará a evitar desvios e o combustível que manterá sua motivação acesa.

1.4.1 Sonhe Grande, Mas Com Pés no Chão

Não tenha medo de sonhar alto. Visualize a casa dos seus sonhos, a viagem inesquecível, a aposentadoria tranquila e digna, a liberdade de tempo para seus projetos pessoais. No entanto, esses sonhos precisam ser transformados em metas tangíveis e realistas para que possam ser alcançados. Um sonho sem um plano é apenas um desejo.

- Sonho: "Quero ter uma vida financeira melhor." (Muito vago, difícil de medir ou alcançar)
- Meta SMART: "Quero ter um patrimônio líquido de R$ 1 milhão para me aposentar confortavelmente aos 50 anos, vivendo de renda passiva." (Específico, Mensurável, Atingível, Relevante, com Prazo definido)

A diferença é crucial. Uma meta é SMART:

- Specific (Específica): O que exatamente você quer?
- Measurable (Mensurável): Como você saberá que atingiu? Qual o valor?
- Achievable (Atingível): É realista, considerando seus recursos e tempo?
- Relevant (Relevante): Por que essa meta é importante para você? Ela se alinha com seus valores e propósito?
- Time-bound (Com Prazo definido): Quando você quer atingir essa meta?

Definir metas SMART é o primeiro passo para transformá-las em realidade.

1.4.2 Metas de Curto, Médio e Longo Prazo

Divida seus grandes sonhos em metas menores e mais gerenciáveis. Isso torna a jornada menos intimidadora e permite que você celebre pequenas vitórias ao longo do caminho, o que mantém a motivação.

- Metas de Curto Prazo (até 1 ano):

  Exemplos: Construir sua reserva de emergência, quitar uma dívida pequena (cartão de crédito, cheque especial), economizar para uma viagem curta, comprar um eletrônico.

  Foco: Segurança imediata, organização das finanças básicas.

- Metas de Médio Prazo (1 a 5 anos):

  Exemplos: Juntar dinheiro para a entrada de um imóvel, comprar um carro, fazer um curso de especialização ou pós-graduação, quitar uma dívida maior (financiamento, empréstimo), iniciar um pequeno negócio.

  Foco: Crescimento de patrimônio, melhoria de qualidade de vida, investimento em conhecimento.

- Metas de Longo Prazo (acima de 5 anos):

  Exemplos: Aposentadoria, educação dos filhos, independência financeira plena (viver de renda passiva), comprar uma casa de campo, montar um grande negócio.

  Construção de patrimônio, legado, liberdade de escolha.

Para cada meta, defina:

- O que você quer: (Ex: Quitar o cartão de crédito)
- Quanto custa: (Ex: R$ 5.000,00)
- Quando quer alcançar: (Ex: Em 6 meses)
- Como vai conseguir: (E: Reduzir gastos em lazer em R$ 500/mês, fazer uma renda extra de R$ 300/mês vendendo bolos no fim de semana, e direcionar o valor restante do salário para essa meta).

Ter essas metas por escrito, em um local visível, e revisá-las periodicamente aumentará muito suas chances de alcançá-las. A revisão permite ajustar a rota conforme as mudanças da vida e manter o foco.

1.5 Visualização e Afirmações

1.5.1 A Neurociência Da Visualização

A visualização e as afirmações positivas não são magia, mas ferramentas poderosas baseadas em princípios psicológicos e neurocientíficos. Quando você se visualiza alcançando seus objetivos e repete afirmações positivas, você está programando seu subconsciente. O cérebro não diferencia vividamente o que é imaginado do que é real. Ao fazer isso, você estimula o Sistema de Ativação Reticular (SAR), uma parte do cérebro responsável por filtrar as informações. Seu SAR começa a focar nas oportunidades e recursos que o ajudarão a atingir essas metas, algo que talvez você não notasse antes. Isso cria um senso de direção, aumenta a motivação e reforça sua crença na própria capacidade.

1.5.2 Visualização e Afirmações a Seu Favor

- Visualização: Encontre um lugar tranquilo. Feche os olhos e imagine vividamente seus objetivos financeiros já alcançados. Sinta as emoções (alívio, alegria, gratidão) de ter quitado suas dívidas, de ver sua reserva de emergência completa, ou de estar vivendo de renda passiva. Use todos os seus sentidos: o que você vê, ouve, sente, cheira. Faça isso por 5 a 10 minutos diariamente.
- Afirmações Positivas: Crie frases no presente e no positivo, como se já fossem verdade. Exemplos: "Eu sou um excelente gestor de dinheiro", "Minha riqueza cresce a cada dia", "Eu atraio oportunidades financeiras", "Eu sou grato pela abundância em minha vida". Repita essas afirmações em voz alta pela manhã e antes de dormir. Escrevê-las também potencializa o efeito.

A combinação de visualização e afirmações alinha seus desejos conscientes com o poder do seu subconsciente, transformando o "querer" em "agir" e pavimentando o caminho para o sucesso financeiro.

1.6 Crie Seu Propósito com o Dinheiro

Ter metas financeiras é essencial, mas elas precisam estar conectadas a um propósito maior. O "porquê" é o combustível que o manterá firme nos momentos de desafio, quando a disciplina parecer difícil e a tentação de desviar do caminho for grande. Sem um propósito claro, o dinheiro pode se tornar apenas números em uma conta bancária, perdendo seu significado.

1.6.1 Por que você quer ser rico?

- Vá além da resposta superficial "para ter mais dinheiro". Pergunte-se: "Para quê eu quero mais dinheiro?". As respostas podem ser diversas e muito pessoais:

  "Para ter mais tempo com minha família."

  "Para ter a tranquilidade de nunca mais me preocupar com contas."

  "Para garantir uma excelente educação para meus filhos."

  "Para poder ajudar meus pais na velhice."

  "Para apoiar uma causa social em que acredito."

  "Para ter liberdade de viajar e conhecer o mundo."

  "Para iniciar um projeto que gere um impacto positivo."

- Este "porquê" deve ser algo que o emocione, que o faça acordar com energia e ir dormir com um senso de realização. É a sua bússola moral e motivacional.

1.6.2 O dinheiro como ferramenta de transformação

Quando seu dinheiro serve a um propósito maior, ele se torna uma força transformadora. Ele deixa de ser apenas uma commodity e se torna um meio para construir a vida que você sonha, para ajudar pessoas, para criar oportunidades e para deixar um legado positivo no mundo. Pessoas que entendem o dinheiro como uma ferramenta de transformação tendem a ser mais disciplinadas, a investir com mais sabedoria e a encontrar maior satisfação em suas conquistas financeiras. O propósito dá significado à sua jornada financeira, elevando-a muito além do mero acúmulo.

1.7 A Jornada Começa Dentro de Você

Este primeiro capítulo abriu as portas para uma nova forma de pensar sobre o dinheiro e a riqueza. Você aprendeu que o seu maior ativo não é o capital que possui, mas a mentalidade que cultiva. Desafiamos mitos, exploramos o poder da abundância, definimos metas claras e conectamos tudo a um propósito maior.

Lembre-se: o controle de sua vida financeira está em suas mãos. É um poder que nasce de dentro para fora. A partir de agora, cada passo que você der neste roteiro será construído sobre essa base sólida da mentalidade. Esteja preparado para agir, para aprender continuamente e para se adaptar.

A jornada para a prosperidade e liberdade de escolha começa agora. No próximo capítulo, vamos construir o seu primeiro escudo financeiro: a reserva de emergência.

CAPÍTULO 2 — A RESERVA DE EMERGÊNCIA

Parabéns! Você deu o primeiro passo fundamental para a liberdade financeira ao ajustar sua mentalidade. Compreendeu que a riqueza vai além do dinheiro e começou a desmistificar as crenças limitantes. Agora, é hora de solidificar essa base com uma ação prática e inegociável: a construção da sua **Reserva de Emergência**.

Muitos sonham em investir em ações, imóveis ou abrir um negócio, mas pulam a etapa mais crucial de todas. Pense na sua jornada financeira como a construção de uma casa. A mentalidade é o terreno; a reserva de emergência são os alicerces. Nenhuma casa pode ser erguida com segurança sobre um terreno instável, e nenhum patrimônio pode crescer sem uma base sólida que o proteja dos imprevistos.

Neste capítulo, vamos entender por que a reserva de emergência é tão vital, como calcular o valor ideal para você, onde guardá-la e as estratégias para construí-la de forma eficiente. Este não é um passo opcional; é a sua garantia de tranquilidade e o combustível para seus futuros investimentos.

2.1 Por Que Deve Ser Inegociável?

A reserva de emergência é uma quantia de dinheiro guardada especificamente para cobrir despesas inesperadas e urgentes, sem que você precise se endividar ou recorrer a investimentos de longo prazo. Ela é o seu colchão de segurança, o seu plano B, o seu "bote salva-vidas" financeiro.

Por que é inegociável?

- Proteção Contra Imprevistos: A vida é cheia de surpresas: um carro quebra, o eletrodoméstico estraga, uma despesa médica inesperada surge, o animal de estimação precisa de um veterinário. Sem uma reserva, essas situações viram crises financeiras, levando você a usar o cartão de crédito, cheque especial ou pegar empréstimos com juros altíssimos, jogando todo o seu planejamento por água abaixo.
- Tranquilidade e Redução de Estresse: Saber que você tem um fundo para lidar com emergências traz uma paz de espírito imensa. A ansiedade em relação ao dinheiro diminui drasticamente, permitindo que você durma melhor e tome decisões mais racionais.
- Base para Investimentos: Antes de pensar em investimentos de maior risco e retorno, a reserva de emergência é fundamental. Imagine que você investe na bolsa de valores, mas surge uma emergência. Se não tiver reserva, será forçado a resgatar seus investimentos em um momento desfavorável (prejuízo), comprometendo seu futuro. A reserva permite que seus investimentos de longo prazo permaneçam intocados.
- Evita Novas Dívidas: Este é um dos pontos mais cruciais. A falta de uma reserva é a principal causa do endividamento por emergências. Com ela, você evita cair novamente no ciclo das

dívidas, o que é um dos maiores desafios para a liberdade financeira.

- Liberdade de Escolha: Em situações como a perda do emprego, a reserva te dá o tempo necessário para buscar uma nova oportunidade sem desespero, aceitando uma vaga que realmente se alinha aos seus objetivos, e não a primeira que aparece por necessidade.

Em resumo, a reserva de emergência não é um luxo, é uma necessidade fundamental e o primeiro investimento que você deve fazer em si mesmo e em sua segurança financeira. É o alicerce sobre o qual toda a sua estrutura de riqueza será construída.

2.2 Cálculo da Reserva de Emergência

Não existe um número mágico único para a reserva de emergência, pois ela depende da sua realidade e do seu perfil de segurança. No entanto, o consenso entre os especialistas é que ela deve cobrir de 6 a 12 meses das suas despesas essenciais.

Como calcular suas despesas essenciais:

1. Liste todas as suas despesas mensais: Aluguel/prestação da casa, condomínio, contas de consumo (água, luz, gás, internet), alimentação, transporte, saúde (plano de saúde, medicamentos), educação (escola dos filhos, faculdade), etc.
2. Identifique as despesas essenciais: Quais são as despesas que você realmente não conseguiria cortar em caso de uma

perda de renda ou grande imprevisto? Separe o que é vital do que é supérfluo. Por exemplo, a academia, o serviço de streaming premium ou a saída para restaurantes podem ser cortados temporariamente.

3. Some o valor dessas despesas essenciais.

Exemplo: Se suas despesas essenciais mensais somam R$ 3.000,00:

- Reserva ideal (6 meses): R$ 3.000,00 x 6 = R$ 18.000,00
- Reserva ideal (12 meses): R$ 3.000,00 x 12 = R$ 36.000,00

Qual a quantidade ideal para você (6, 9 ou 12 meses)?

- Profissionais com emprego CLT estável (carteira assinada): 6 meses de despesas. A estabilidade do vínculo e o FGTS/seguro-desemprego em caso de demissão oferecem uma camada extra de segurança.
- Profissionais liberais, autônomos, comissionados ou empreendedores: 9 a 12 meses de despesas. Sua renda pode ser mais volátil, e as oscilações do mercado ou a perda de clientes podem impactar significativamente seus ganhos. Ter uma reserva maior oferece mais tranquilidade para atravessar períodos de baixa.
- Pessoas com alta dependência de terceiros ou em fase de transição: Pessoas que têm muitos dependentes ou que estão pensando em mudar de carreira/abrir um negócio podem se

beneficiar de uma reserva maior (12 meses ou mais) para ter mais fôlego durante a transição.

- Pessoas com saúde frágil ou dependentes com necessidades especiais: Uma reserva mais robusta pode ser prudente para cobrir eventuais despesas médicas ou com tratamentos não previstos.

Flexibilidade na Regra: O mais importante é que você se sinta seguro. Se para você, 8 meses de despesas trazem mais tranquilidade do que 6, foque nos 8 meses. A reserva de emergência é sobre paz de espírito.

Lembre-se: o cálculo deve ser reavaliado periodicamente (uma vez por ano, por exemplo) para garantir que ele ainda reflita sua realidade de vida e suas despesas.

2.3 Onde Guardar a Reserva de Emergência

A reserva de emergência tem duas características essenciais: liquidez e segurança. O objetivo principal não é render muito, mas sim estar disponível quando você precisar e não correr riscos. Liquidez significa que você pode transformar o dinheiro em espécie rapidamente, sem perdas. Segurança significa que o risco de perder esse dinheiro é mínimo ou inexistente.

Fuja de investimentos que:

- Possuem liquidez diária, mas não imediata: Como alguns CDBs que só permitem resgate após 30 ou 60 dias.

- Não possuem liquidez diária: Títulos de longo prazo, fundos de investimento com carência, imóveis.
- Possuem alto risco de mercado: Ações, fundos multimercado agressivos, criptomoedas (falaremos delas depois, mas não são para reserva).
- Cobram taxas abusivas de resgate: Alguns fundos de investimento podem ter taxas de saída.

Opções ideais para a sua Reserva de Emergência:

CDBs com Liquidez Diária (e rentabilidade a partir de 100% do CDI):

O que é: Certificado de Depósito Bancário. Você "empresta" dinheiro para o banco e recebe juros.

Vantagens: Liquidez diária (o dinheiro cai na sua conta no mesmo dia do pedido de resgate), segurança (coberto pelo FGC - Fundo Garantidor de Créditos para valores até R$ 250 mil por CPF/instituição), boa rentabilidade (geralmente acima da poupança).

Como escolher: Procure CDBs de bancos menores ou digitais que ofereçam 100% do CDI ou mais, com liquidez diária.

- LCI e LCA com Liquidez Diária (cuidado com carência inicial):

O que é: Letras de Crédito Imobiliário e do Agronegócio. Títulos de dívida emitidos por bancos para financiar setores específicos.

Vantagens: Isentos de Imposto de Renda para pessoa física, cobertos pelo FGC.

Desvantagens: Nem todas as LCIs/LCAs têm liquidez diária, muitas possuem carência de 90 dias ou mais. Atenção: Só use para reserva se tiver certeza da liquidez diária.

1. Fundos DI com Liquidez Diária (taxa de administração baixa):

   O que é: Fundos de investimento que aplicam em títulos públicos e privados de baixo risco atrelados ao CDI.

   Vantagens: Liquidez diária, gerenciamento profissional.

   Desvantagens: Taxa de administração. Atenção: Escolha fundos com taxa de administração muito baixa (abaixo de 0,5% ao ano), pois taxas altas corroem o rendimento e a vantagem sobre o CDB.

2. Conta Poupança (apenas como último recurso e com ressalvas):

   O que é: A aplicação mais tradicional e conhecida.

Vantagens: Liquidez imediata (você saca a qualquer momento), segurança (coberta pelo FGC).

Desvantagens: Rentabilidade muito baixa, perdendo frequentemente para a inflação e para outras opções mais rentáveis com a mesma segurança e liquidez.

Recomendação: A poupança pode ser um ponto de partida para quem não tem familiaridade com investimentos, mas deve ser substituída por CDBs ou Fundos DI com liquidez diária assim que possível para otimizar o rendimento.

Onde NÃO guardar a reserva de emergência:

- Conta corrente (sem rendimento): Dinheiro parado na conta corrente perde valor para a inflação e não rende nada.
- Ações, Fundos de Ações, FIIs: São investimentos de renda variável, com risco de flutuação e perdas no curto prazo.
- Imóveis: Baixíssima liquidez, alto custo de transação.
- Criptomoedas: Extrema volatilidade e risco.

Escolha uma ou mais das opções acima que ofereçam alta liquidez e segurança. O ideal é que o dinheiro possa ser resgatado e caia na sua conta em no máximo um dia útil.

2.4 Começando a Construir a Sua Reserva

Construir a reserva de emergência pode parecer uma tarefa gigante, mas, como qualquer grande objetivo, ele é alcançado através de pequenos passos consistentes. O importante é começar agora, mesmo com pouco.

1. Defina uma meta mensal: Baseado no seu cálculo de despesas essenciais e na sua meta de 6 a 12 meses, divida o valor total da reserva pelo número de meses que você planeja levar para construí-la.

    Exemplo: Meta de R$ 18.000 em 12 meses = R$ 1.500/mês. Se for muito, ajuste o prazo, mas priorize a reserva.

2. Automatize o investimento: Configure uma transferência automática para o investimento escolhido (CDB de liquidez diária, Fundo DI, etc.) assim que você receber seu salário. Pague-se primeiro! Se você esperar para ver o que "sobra" no final do mês, provavelmente não sobrará nada.
3. Corte gastos temporariamente: Para acelerar a construção da reserva, identifique despesas não essenciais que você pode cortar ou reduzir temporariamente. Isso pode incluir refeições fora, assinaturas de streaming extras, passeios caros, compras por impulso. Lembre-se, é um sacrifício temporário por um objetivo maior: sua segurança.
4. Busque renda extra: Se seus gastos já estão no limite e você não consegue economizar o suficiente, procure maneiras de gerar renda extra. Vender coisas que não usa mais, fazer trabalhos como freelancer, oferecer serviços (aulas,

consultoria, reparos) nas horas vagas. Todo dinheiro extra deve ir direto para a reserva.

5. Celebre pequenas vitórias: Atingir os primeiros R$ 1.000,00, depois 1 mês de despesas, depois 3 meses... cada marco é uma vitória. Celebrar esses momentos mantém sua motivação alta.
6. Crie um "orçamento para a reserva": Dentro do seu orçamento mensal (que veremos no próximo capítulo), a reserva de emergência deve ser uma "despesa" fixa. Dê a ela a mesma importância que você dá ao aluguel ou à conta de luz.

Persistência é a chave. Haverá meses em que será mais difícil, mas manter a disciplina, mesmo que seja para guardar um valor menor, é crucial. Cada real guardado é um tijolo a mais no seu alicerce financeiro.

2.5 Disciplina da Manutenção

A construção da reserva de emergência não é um evento único, mas um hábito contínuo de manutenção. Uma vez que você atinja seu objetivo inicial (6 ou 12 meses de despesas), o trabalho não termina.

1. Revisão Periódica: Pelo menos uma vez ao ano, revise suas despesas essenciais. Seus custos de vida aumentaram? Sua situação familiar mudou (novo filho, dependente)? Seu perfil de risco mudou (mudou de CLT para autônomo)? Ajuste o valor da sua reserva conforme necessário.

2. Reposição Após o Uso: Se você precisar usar parte da sua reserva de emergência para um imprevisto (como o conserto do carro), sua primeira prioridade deve ser repor o valor utilizado. Antes de direcionar dinheiro para outros investimentos, garanta que seu colchão de segurança esteja novamente completo. Pense nisso como "recuperar sua blindagem".
3. Preserve a Finalidade: A reserva de emergência é para emergências. Não caia na tentação de usá-la para uma "oportunidade de investimento imperdível" ou para comprar algo desejado que não é uma necessidade. Isso é desvirtuar o propósito e te deixar vulnerável novamente. O dinheiro da reserva não é para enriquecer; é para te proteger.

A manutenção da reserva de emergência é um reflexo da sua disciplina e da sua capacidade de se proteger financeiramente. É um compromisso contínuo com sua paz de espírito e com a solidez do seu patrimônio.

2.6 Desafios Comuns e Como Superá-los

A jornada para construir uma reserva de emergência pode apresentar obstáculos. Conhecê-los e ter estratégias para superá-los é fundamental.

1. Dívidas Atuais: Se você está endividado, a prioridade pode parecer confusa. O ideal é focar em quitar as dívidas de juros altos (cartão de crédito, cheque especial) antes de construir a

reserva. No entanto, é prudente ter um "mini-colchão" de R$ 1.000 a R$ 2.000 para pequenas emergências enquanto ataca as dívidas. Essa quantia evita que novas dívidas apareçam enquanto você luta contra as antigas. Depois de zerar as dívidas de juros altos, a reserva de emergência completa se torna a prioridade máxima.

2. Baixa Renda: Se sua renda é muito baixa e mal cobre suas despesas essenciais, economizar pode parecer impossível. Nesses casos, o foco inicial deve ser em aumentar sua renda (Capítulo 5). Qualquer valor extra que você conseguir, por menor que seja, deve ser direcionado para a reserva. Considere cada centavo economizado ou ganho como um passo vital.
3. Falta de Disciplina: É fácil começar, difícil continuar. A automatização do investimento (transferência programada) é a sua melhor amiga aqui. Além disso, ter suas metas claras e visíveis (quadro dos sonhos, planilhas de acompanhamento) ajuda a manter o foco. Lembre-se do seu "porquê" (liberdade, segurança, paz de espírito).
4. Tentação de Gastar: O dinheiro "parado" na reserva pode ser tentador. Reforce a mentalidade de que esse dinheiro tem uma finalidade específica e sagrada: sua segurança. Lembre-se que usá-lo para algo não emergencial é como tirar um tijolo do alicerce da sua casa.
5. Crises ou Imprevistos Durante a Construção: Se uma emergência acontecer antes de você ter a reserva completa, use o que tem, lide com a situação da melhor forma possível,

e assim que a crise passar, retome a construção com ainda mais vigor e lições aprendidas. Cada adversidade é uma oportunidade de aprendizado.

A reserva de emergência é um testemunho da sua disciplina e do seu compromisso com sua própria segurança. Ela é o primeiro pilar visível da sua construção de riqueza.

2.7 Durma em Paz, Invista Com Confiança

Você acaba de dominar um dos conceitos mais fundamentais e libertadores das finanças pessoais. A reserva de emergência não é apenas um montante em dinheiro; é um símbolo da sua responsabilidade, do seu planejamento e da sua capacidade de proteger o seu futuro. Ela é a base de segurança que permite que você durma em paz e invista com confiança.

Ao construir essa reserva, você está blindando-se contra a maioria dos infortúnios financeiros, evitando o ciclo vicioso das dívidas e garantindo que seus sonhos de longo prazo não sejam comprometidos por eventos inesperados. É o primeiro grande passo que te leva de um estado de vulnerabilidade para um de empoderamento financeiro.

Com sua mentalidade alinhada e sua base de segurança em construção, você está pronto para o próximo estágio do seu roteiro: o orçamento descomplicado. O orçamento é a ferramenta que lhe dará o controle total do seu dinheiro, permitindo que você saiba exatamente para onde ele vai e como pode otimizá-lo para alcançar suas metas. É o mapa que te guiará para onde você quer ir.

CAPÍTULO 3 — ORÇAMENTO DESCOMPLICADO

Com a mentalidade de abundância em desenvolvimento e sua reserva de emergência em construção (ou já completa!), o próximo passo fundamental em seu roteiro da riqueza é dominar o **orçamento**. Esqueça a ideia de que orçamento é uma ferramenta para cortar gastos ou para se sentir restrito. Pelo contrário! O orçamento é o **mapa do seu dinheiro**, a bússola que o guiará para onde você realmente quer ir.

Ele é a **ferramenta mais poderosa** para conhecer, controlar e direcionar seu dinheiro de forma consciente e estratégica. Sem um orçamento, seu dinheiro flutua sem direção, e você nunca sabe onde ele realmente está sendo gasto, tornando quase impossível alcançar seus objetivos financeiros. Com um orçamento, você transforma incerteza em clareza, e desejo em realidade.

Neste capítulo, vamos desmistificar o orçamento, torná-lo uma ferramenta simples e eficaz, e mostrar como ele pode ser seu maior aliado na construção da sua liberdade financeira.

3.1 Orçamento: Seu Melhor Amigo Financeiro

Um orçamento financeiro é um plano que detalha suas **receitas** (o dinheiro que entra) e suas **despesas** (o dinheiro que sai) durante um determinado período, geralmente um mês. É a radiografia da sua vida financeira.

Por que o orçamento é seu melhor amigo financeiro?

- **Controle e Clareza:** Ele te dá uma visão clara e objetiva de para onde seu dinheiro está indo. Você para de se perguntar "onde foi meu salário?" e começa a saber exatamente cada centavo. Esse conhecimento é poder.
- **Tomada de Decisões Conscientes:** Com o orçamento, você toma decisões financeiras com base em dados, não em suposições ou emoções. Você decide conscientemente onde quer gastar, economizar e investir.
- **Identificação de Ralos e Oportunidades:** Ele revela onde estão os gastos desnecessários ou excessivos ("ralos") e, ao mesmo tempo, aponta oportunidades para economizar mais ou direcionar dinheiro para seus objetivos.
- **Alcance de Metas Mais Rápido:** Ao ter controle, você pode alocar proativamente uma parte da sua renda para suas metas (reserva de emergência, quitação de dívidas, investimentos), acelerando seu progresso.
- **Redução de Estresse Financeiro:** A incerteza é uma das maiores causas de estresse financeiro. Com um orçamento, você tem um plano, o que reduz a ansiedade e aumenta a sensação de segurança.
- **Responsabilidade Financeira:** O orçamento te torna responsável pelo seu dinheiro. É um compromisso com você mesmo e com seu futuro.
- **Adaptação a Mudanças:** Sua vida financeira muda (aumento de salário, nova despesa, etc.). O orçamento é uma

ferramenta flexível que permite adaptar seu plano rapidamente.

Pense no orçamento não como uma camisa de força, mas como um guia personalizado que te mostra o caminho mais eficiente para alcançar seus sonhos. Ele não te proíbe de gastar, mas te ensina a gastar com inteligência, priorizando o que é importante para você.

3.2 Conheça Suas Receitas e Despesas

Antes de montar qualquer orçamento, você precisa fazer um levantamento completo e honesto de tudo o que entra e sai da sua conta. Não se omita de nenhum gasto, por menor que seja. Aqueles "cafezinhos" diários, somados, podem ser uma surpresa.

1. **Liste Todas as Suas Receitas Mensais:**

    Salário Líquido (após impostos e descontos)

    Rendas extras (freelances, bicos, aluguéis recebidos, comissões)

    Benefícios (vale-alimentação, vale-transporte, pensões, aposentadorias)

    Rendimentos de investimentos (se já tiver)

    Outras fontes de renda regulares.

Dica: Se sua renda é variável (autônomo, comissionado), use a média dos últimos 3 a 6 meses como base, ou seja, mais conservador, usando o menor valor que você geralmente recebe.

2. **Registre Todas as Suas Despesas Mensais:** Este é o ponto onde a maioria das pessoas tropeça. Não confie na memória. Durante pelo menos um mês, registre **cada centavo** que você gasta. Use um aplicativo, uma planilha ou um caderno.

   Despesas Fixas: Aquelas que têm valor mais ou menos constante e ocorrem todo mês (ou em intervalos regulares).

   - Aluguel/Prestação de Imóvel
   - Condomínio
   - Contas de consumo (água, luz, gás, internet - mesmo que variem um pouco, são recorrentes)
   - Plano de saúde
   - Mensalidade de escola/faculdade
   - Assinaturas (streaming, academia, software)
   - Parcelas de empréstimos/financiamentos
   - Seguros (carro, vida, residencial)

   Despesas Variáveis: Aquelas que mudam de valor ou frequência.

- Alimentação (supermercado, restaurantes, delivery)
- Transporte (combustível, passagens, apps de transporte)
- Lazer (cinema, shows, bares, hobbies)
- Vestuário
- Cuidados pessoais (cabelereiro, cosméticos)
- Despesas com animais de estimação
- Manutenção do carro/casa
- Presentes
- Pequenas compras por impulso (cafezinhos, lanches)

Despesas Pontuais/Anuais: Aquelas que não ocorrem todo mês, mas precisam ser provisionadas.

- IPVA, IPTU, licenciamento
- Material escolar
- Revisão do carro
- Viagens
- Dica: Para essas, divida o valor anual por 12 e reserve esse montante mensalmente. Assim, quando a despesa chegar, você já terá o dinheiro guardado.

Fontes para o levantamento:

- Extratos bancários dos últimos 3 meses

- Faturas de cartão de crédito
- Recibos e notas fiscais
- Aplicativos de controle financeiro (com integração bancária).

Seja honesto consigo mesmo nesta etapa. O diagnóstico preciso é a chave para o tratamento eficaz.

3.3 A Ferramenta Certa Para Você

A melhor ferramenta é aquela que você realmente usa! Não existe uma solução única que sirva para todos. O importante é que a ferramenta seja prática, acessível e que te ajude a visualizar suas finanças.

Aqui estão as opções mais populares, com seus prós e contras:

1. **Caderno/Bloco de Notas:**

    Prós: Simplicidade, zero custo, ideal para quem prefere escrever e ter o controle físico. A escrita pode ajudar na fixação.

    Contras: Menos flexível para cálculos automáticos, análises gráficas ou alterações. Exige disciplina manual.

    Ideal para: Iniciantes que se sentem intimidados por tecnologia, ou para quem gosta do processo de registro manual.

2. **Planilhas (Excel, Google Sheets, LibreOffice Calc):**

   Prós: Muita flexibilidade para personalizar categorias, criar gráficos, calcular percentuais e projetar cenários. Existem muitos modelos gratuitos online para começar.

   Contras: Pode ter uma curva de aprendizado inicial para quem não está familiarizado com planilhas. Exige lançamento manual.

   Ideal para: Quem gosta de controle detalhado, tem alguma familiaridade com informática e quer aprofundar a análise dos dados. É uma das opções mais poderosas.

3. **Aplicativos de Controle Financeiro Pessoal:**

   Prós: Conveniência (no celular), gráficos automáticos, categorização inteligente (alguns até sincronizam com contas bancárias e cartões), lembretes para lançamentos e pagamentos. Muitos são intuitivos.

   Contras: Alguns são pagos (assinatura), podem ter limitações de personalização, e a sincronização bancária pode levantar questões de privacidade para alguns usuários.

   Exemplos populares: Organizze, Mobills, GuiaBolso, Sicoob, etc.

Ideal para: Quem busca praticidade, quer automatizar ao máximo e ter acesso rápido às informações financeiras a qualquer momento.

4. **Softwares de Gestão Financeira (para desktop)**

Prós: Geralmente mais robustos, com funcionalidades avançadas de relatórios, projeções e integração com outros aspectos da vida financeira.

Contras: Podem ser mais caros e ter uma interface menos amigável para iniciantes.

Ideal para: Usuários mais avançados ou com finanças mais complexas.

Minha Recomendação: Comece com o que for mais fácil para você manter a consistência. Se você gosta de escrever, comece com um caderno. Se tem familiaridade com computadores, uma planilha pode ser um excelente ponto de partida. Se prefere a praticidade do celular, experimente um aplicativo.

O importante é registrar tudo e fazer o acompanhamento regularmente. Não se preocupe em ter a ferramenta perfeita de imediato; preocupe-se em começar a usar alguma ferramenta hoje.

3.4 A Regra 50-30-20 (Ou Similar)

Depois de saber suas receitas e despesas, o próximo passo é organizar para onde seu dinheiro deveria ir. A **Regra 50-30-20** é um guia simples e eficaz para alocar sua renda mensal, tornando o planejamento orçamentário muito mais intuitivo.

A Regra 50-30-20 propõe a seguinte divisão de sua renda líquida (após impostos):

- **50% para Necessidades (Essenciais):**

  São os gastos que você precisa para viver, e sem os quais sua vida seria inviável.

  Exemplos: Aluguel/prestação da casa, contas de consumo (água, luz, gás, internet essencial), alimentação básica (supermercado), transporte para o trabalho, plano de saúde, mensalidades de escola/faculdade (se for essencial para seu desenvolvimento profissional).

  Objetivo: Manter esse percentual o mais baixo possível para liberar dinheiro para outras categorias. Se suas necessidades estão acima de 50%, você pode precisar cortar custos ou aumentar sua renda.

- **30% para Desejos (Estilo de Vida/Supérfluos):**

  São os gastos que melhoram sua qualidade de vida e trazem prazer, mas que você poderia viver sem se fosse absolutamente necessário.

Exemplos: Restaurantes, delivery, viagens, hobbies, entretenimento (cinema, shows, streaming), roupas novas (não essenciais), academia, salão de beleza, compras por impulso.

Objetivo: É importante ter essa fatia para evitar a privação total, que pode levar ao abandono do orçamento. No entanto, é aqui que você pode fazer cortes temporários para acelerar o alcance de metas financeiras.

- **20% para Poupança e Quitação de Dívidas (Prioridades Financeiras):**

  Esta é a categoria mais importante para sua liberdade financeira. É o dinheiro que você está destinando ao seu futuro.

  Exemplos:

  - Reserva de Emergência: A prioridade número um até que esteja completa.
  - Quitação de Dívidas: Especialmente dívidas com juros altos (cartão de crédito, cheque especial).
  - Investimentos: Para metas de médio e longo prazo (aposentadoria, casa própria, educação dos filhos).

Objetivo: Garantir que uma parte consistente da sua renda esteja sempre trabalhando para o seu crescimento financeiro e segurança.

Ajustando a Regra para Sua Realidade (Modelos Similares): A 50-30-20 é um guia, não uma lei rígida. Você pode adaptá-la:

- Se você tem muitas dívidas: Pode ser 50% necessidades, 20% desejos e 30% dívidas/poupança. A prioridade é quitar as dívidas de juros altos.
- Se você quer acelerar sua independência: Pode ser 50% necessidades, 20% desejos e 30% investimentos/poupança.
- Modelo de Prioridade: Alguns preferem um modelo onde a primeira "despesa" é a para investimento/poupança (o famoso "pague-se primeiro"), e só depois dividem o restante. Ex: 20% para investimentos, e os 80% restantes divididos entre necessidades e desejos.

O crucial é ter uma alocação consciente para suas prioridades financeiras e não deixar essa parte para o que "sobrar". Lembre-se: "Quem paga o que sobra, sobra o que paga."

3.5 Categorizando Seus Gastos

Depois de listar todas as suas despesas, o próximo passo é categorizá-las. Isso é como dar um nome a cada tipo de gasto. Essa etapa é fundamental para identificar padrões, excessos e, principalmente, onde o dinheiro está "vazando" sem que você perceba – os famosos **"ralos"**.

Por que categorizar é tão importante?

- **Visibilidade:** Você consegue ver rapidamente quanto gasta em cada área da sua vida.
- **Tomada de Decisão:** Permite que você tome decisões informadas sobre onde cortar, reduzir ou alocar mais recursos.
- **Acompanhamento:** Facilita o monitoramento de seus gastos em relação aos limites que você estabeleceu.

Como Categorizar: Use as três grandes categorias da regra 50-30-20 como base, e desdobre em subcategorias mais específicas:

1. **Necessidades (Essenciais):**

   Moradia: Aluguel/Financiamento, Condomínio, IPTU.

   Contas de Consumo: Água, Luz, Gás, Internet, Telefone (plano básico).

   Alimentação (Básica): Supermercado, feira.

   Transporte (Essencial): Combustível para ir ao trabalho, passagens de ônibus/metrô, manutenção essencial do veículo.

Saúde (Básica): Plano de saúde, medicamentos de uso contínuo.

Educação (Básica): Mensalidades de escola/faculdade (se for essencial para seu trabalho ou formação).

Dívidas Essenciais: Parcelas de empréstimos e financiamentos (sempre priorize as de juros mais altos).

2. **Desejos (Estilo de Vida/Supérfluos):**

Alimentação Fora: Restaurantes, delivery, cafés, lanches.

Lazer e Entretenimento: Cinema, teatro, shows, bares, festas, clubes, aplicativos de jogos.

Viagens: Passagens, hospedagem, passeios (excluindo as viagens essenciais de trabalho).

Compras Pessoais: Roupas, acessórios, sapatos, cosméticos (além do essencial), eletrônicos não essenciais.

Assinaturas e Serviços Não Essenciais: Streaming de vídeo e música, academia (se não for prioridade de saúde), clubes de assinatura.

Hobbies: Materiais para hobbies, aulas (não essenciais).

Beleza e Estética: Salão de cabeleireiro, manicure, procedimentos estéticos.

3. **Prioridades Financeiras**

Reserva de Emergência: Contribuições mensais.

Quitação de Dívidas: Valores extras para acelerar a quitação (além da parcela mínima).

Investimentos: Aportes para aposentadoria, compra de bens, educação, renda passiva.

Educação Financeira: Cursos, livros, consultorias (investimento em si mesmo).

Dicas para Categorizar Eficientemente:

- Seja Detalhista, mas não Obsessivo: Não crie centenas de categorias. Mantenha-as amplas o suficiente para serem úteis, mas detalhadas o bastante para fornecer insights.
- Use Subcategorias: Se você gasta muito em alimentação, separe "Supermercado" de "Restaurantes".
- Seja Consistente: Use as mesmas categorias em todos os lançamentos para que seus relatórios sejam precisos.
- Revise Regularmente: Uma vez por mês, ou a cada três meses, revise suas categorias para ver se ainda fazem sentido para sua vida.

Ao categorizar, você não apenas vê para onde seu dinheiro vai, mas também começa a entender seus hábitos de consumo e as áreas onde você pode otimizar seus gastos. Essa é a essência do controle financeiro.

3.6 A Arte de Cortar Gastos Sem Sofrimento

"Cortar gastos" pode soar como uma sentença, mas na verdade, é uma arte que envolve inteligência e consciência. O objetivo não é se privar de tudo o que te dá prazer, mas sim eliminar o que é desnecessário ou excessivo para liberar recursos para o que realmente importa (suas metas financeiras). Cortes inteligentes são aqueles que são sustentáveis a longo prazo, sem comprometer sua qualidade de vida de forma drástica.

Estratégias para Cortes Inteligentes:

1. **Auditoria de Assinaturas:**

   Liste todas as suas assinaturas: serviços de streaming (Netflix, Spotify, HBO Max), academia, clubes de assinatura, softwares, etc.

   Pergunte-se: Eu uso isso regularmente? Eu tiro o máximo proveito? Posso consolidar ou cancelar algumas?

   Ação: Muitas pessoas pagam por serviços que mal utilizam. Cancele o que não é essencial ou alterne entre serviços para economizar.

2. **Redução de Gastos com Alimentação Fora (e Delivery):**

Este é frequentemente o maior ralo para muitos.

Cozinhe mais em casa: Prepare suas refeições e lanches. É mais saudável e muito mais barato.

Leve marmita para o trabalho: Economize significativamente no almoço diário.

Planeje as compras de supermercado: Faça uma lista e evite compras por impulso. Compare preços.

Reduza a frequência de delivery: Substitua algumas refeições por preparos em casa.

3. **Negociação de Contas Fixas:**

Não aceite os preços que te dão de primeira. Ligue para suas operadoras de TV a cabo, internet, telefone, celular e peça por melhores planos ou descontos. Pesquise concorrentes e use isso como barganha.

Reavalie seguros: Compare cotações de seguro de carro, residencial. Pequenas diferenças podem gerar grandes economias anuais.

4. **Transporte Inteligente:**

Considere caronas, transporte público, bicicleta ou caminhada para pequenas distâncias.

Se tem carro, otimize rotas para economizar combustível. Faça a manutenção preventiva para evitar gastos maiores.

Avalie o custo-benefício de ter um carro: Especialmente se você mora em cidades com bom transporte público e usa o carro pouco.

5. **Compras Conscientes:**

Pense antes de comprar: Pergunte: "Eu realmente preciso disso? Posso viver sem isso? Tenho algo similar?".

Evite compras por impulso: Especialmente online. Deixe o item no carrinho por um dia ou dois antes de finalizar a compra.

Pesquise preços: Use comparadores de preço online e lojas diferentes.

Compre usado/recicle: Para muitas coisas (roupas, móveis, eletrônicos), comprar usado pode ser uma economia gigante e sustentável.

6. **Redução de Pequenos Gastos Diários:**

Esses gastos parecem inofensivos, mas somam uma fortuna no final do mês. Calcule quanto um cafezinho diário, um lanche ou uma garrafa de água comprada na rua somam por mês/ano. A quantia é surpreendente.

Ação: Prepare seu café em casa, leve sua garrafa de água. Pequenas mudanças geram grandes impactos.

7. **Entretenimento Gratuito ou de Baixo Custo:**

   Explore parques, bibliotecas, eventos culturais gratuitos em sua cidade.

   Convide amigos para reuniões em casa em vez de ir a restaurantes caros.

   Reative hobbies que não exigem grandes gastos.

Importante: Ao cortar gastos, o objetivo é liberar dinheiro para suas **prioridades financeiras** (reserva, dívidas, investimentos), não apenas cortar por cortar. Cada corte deve ter um propósito claro e ser sustentável para que você não se sinta privado e abandone o plano. Comece com os gastos mais fáceis de cortar e vá progredindo.

3.7 Orçamento É Um Hábito, Não Um Evento

Um erro comum é ver o orçamento como algo que se faz uma vez e está pronto. Na verdade, o orçamento é um **hábito contínuo**, um processo dinâmico que exige acompanhamento e ajuste constante. Sua vida financeira não é estática, e seu orçamento também não deve ser.

Como manter o hábito:

1. **Lançamentos Diários ou Semanais:** Crie o hábito de registrar seus gastos diariamente ou, no mínimo, semanalmente. Isso evita que os gastos se acumulem e você perca o controle. Leva apenas alguns minutos.
2. **Revisão Mensal:** No final de cada mês (ou início do próximo), reserve um tempo (30 minutos a 1 hora) para:

   Comparar o planejado com o realizado: Onde você gastou mais ou menos do que o previsto?

   Analisar desvios: Por que houve esses desvios? Foram imprevistos? Falta de disciplina? Planejamento irreal?

   Ajustar para o próximo mês: Com base na análise, faça ajustes nas categorias para o mês seguinte. Se você gastou muito em lazer, talvez precise reduzir a verba para o próximo mês ou buscar uma renda extra. Se uma conta aumentou, ajuste o percentual de necessidades.

   Celebrar o progresso: Reconheça o esforço e os resultados. Cada mês de controle é uma vitória.

3. **Flexibilidade é Fundamental:** A vida acontece. Haverá meses em que um gasto inesperado surgirá. Não se culpe.

Simplesmente ajuste seu orçamento para aquele mês e retome o controle. A rigidez excessiva pode levar à frustração e ao abandono.

4. **Comunicação (se for em casal/família):** Se você gerencia finanças com outra pessoa, as revisões devem ser conjuntas. A comunicação aberta evita desentendimentos e alinha os objetivos. (Abordaremos isso em detalhes no Capítulo 11).
5. **Use a Tecnologia a Seu Favor:** Configure lembretes no seu celular ou utilize as notificações dos aplicativos de finanças para não esquecer de registrar os gastos ou fazer a revisão.

Lembre-se: o objetivo não é a perfeição, mas a consistência. A cada mês que você se dedica ao seu orçamento, você ganha mais clareza, mais controle e mais poder sobre seu dinheiro. Isso não é uma tarefa; é uma habilidade para a vida que o levará à liberdade financeira.

3.8 Orçamento Para Famílias e Casais

Gerenciar o orçamento em família ou em casal pode ser um dos maiores desafios, mas também uma das maiores oportunidades de crescimento. O dinheiro é uma das principais causas de conflito nos relacionamentos, mas com a abordagem certa, pode se tornar um fator de união e fortalecimento.

Desafios Comuns:

1. Diferentes Hábitos Financeiros: Um pode ser mais poupador, outro mais gastador. Isso gera atrito.
2. Falta de Transparência: Um parceiro pode esconder gastos ou dívidas do outro.
3. Prioridades Divergentes: Um quer economizar para uma casa, o outro para uma viagem.
4. Culpa e Julgamento: Um parceiro pode culpar o outro por gastos excessivos, gerando ressentimento.
5. Comunicação Ineficaz: O dinheiro é um tabu, e as conversas são evitadas ou se tornam brigas.

Soluções e Estratégias Eficazes:

1. **Abertura e Transparência Total:**

    Conversa Honesta: O primeiro passo é sentar e ter uma conversa honesta sobre a situação financeira de ambos. Revelem todas as receitas, despesas, ativos e, especialmente, as dívidas. Sem julgamento.

    Histórico Financeiro: Entendam as crenças e o histórico financeiro um do outro. Por que um gasta mais? Por que o outro poupa tanto? Compreender as raízes desses comportamentos ajuda na empatia.

2. **Alinhamento de Sonhos e Metas Comuns:**

Sonhem Juntos: Onde vocês querem estar financeiramente como casal/família em 1, 5, 10 anos? Viagens, casa, educação dos filhos, aposentadoria. Transformem esses sonhos em metas SMART conjuntas.

Prioridades Compartilhadas: Decidam juntos quais são as prioridades financeiras da família e como o dinheiro será alocado para elas.

3. **Escolha um Modelo de Gestão Conjunta (e seja flexível):**

Contas Separadas com Contribuição Conjunta: Cada um mantém sua conta individual, mas ambos contribuem com uma porcentagem (ou valor fixo) de suas rendas para uma conta conjunta para despesas fixas da casa e metas compartilhadas. Ideal para casais onde ambos têm renda e querem manter alguma autonomia.

Conta Única Compartilhada: Toda a renda de ambos vai para uma única conta, de onde todas as despesas e investimentos são feitos. Exige muita confiança e alinhamento.

Modelo Misto: Uma conta conjunta para despesas da casa e metas, e cada um tem uma "mesada" ou um valor para gastos pessoais, sem precisar dar satisfação ao outro. Esse é um modelo que muitas vezes funciona muito bem, pois concilia o controle com a individualidade.

4. **Orçamento Conjunto e Divisão de Despesas:**

Façam o orçamento juntos: Definir as categorias, os limites e as prioridades deve ser um esforço conjunto.

Divisão Justa: Definam como as despesas serão divididas. Pode ser proporcional à renda de cada um, ou 50/50, dependendo do acordo do casal. A regra é que seja justo para ambos, não necessariamente igual.

"Dinheiro da Liberdade" (Mesada Pessoal): Cada um deve ter uma quantia mensal para gastar como quiser, sem que o outro precise aprovar ou julgar. Isso evita a sensação de privação e conflitos por gastos menores.

5. **Reuniões Financeiras Regulares:**

Agendem: Reservem um tempo fixo, uma vez por semana ou a cada 15 dias (30-60 minutos), para sentar e conversar sobre as finanças. Não é para brigar, mas para revisar, ajustar e planejar.

Pauta: Revejam o orçamento do mês anterior, planejem o próximo, discutam grandes compras, dívidas, e progressos nas metas.

6. **Educação Financeira para os Filhos:**

Se houver filhos, incluí-los (de forma adequada à idade) na conversa sobre dinheiro é essencial para que cresçam com uma relação saudável com as finanças. Ensine-os a poupar, a gastar com consciência e a entender o valor do dinheiro.

A gestão financeira em casal/família é uma jornada de aprendizado mútuo, comunicação e compromisso. Quando bem feita, o dinheiro se torna um catalisador para uma vida feliz e próspera em conjunto.

3.9 Seu Controle Financeiro

Você acaba de desmistificar o orçamento, transformando-o de uma tarefa árdua em uma ferramenta poderosa. Ao aplicar os princípios deste capítulo, você não está apenas controlando números; você está **assumindo as rédeas do seu destino financeiro**.

O orçamento é o seu **mapa**, e com ele em mãos, você tem a clareza para saber onde está, onde quer chegar e qual o caminho mais eficiente para atingir suas metas. Ele é o reflexo da sua intencionalidade sobre o dinheiro, garantindo que cada real trabalhe para você e não contra você.

Lembre-se: a perfeição não é o objetivo, a **consistência** sim. Faça do orçamento um hábito diário ou semanal, revise-o mensalmente e ajuste-o conforme sua vida evolui. Com essa prática, o estresse financeiro diminui, e a confiança em suas decisões aumenta.

Você está construindo uma base financeira sólida. Com a mentalidade correta e a reserva de emergência em andamento, o orçamento é o elo que conecta suas receitas e despesas aos seus sonhos. Agora, estamos prontos para enfrentar um dos maiores obstáculos da liberdade financeira: as dívidas. É hora de aprender a eliminá-las de uma vez por todas e blindar-se contra elas.

CAPÍTULO 4 — DÍVIDAS: COMO ELIMINAR

Depois de estabelecer uma **mentalidade próspera** e iniciar sua **reserva de emergência** (e um **orçamento eficaz**), é hora de enfrentar um dos maiores inimigos da liberdade financeira: as **dívidas**. Para muitos, o simples mencionar a palavra "dívida" já causa calafrios e ansiedade. E com razão. As dívidas, especialmente as de juros altos, corroem seu patrimônio, roubam sua paz de espírito e prendem você em um ciclo de preocupação.

Mas este capítulo não é sobre lamentar o passado. É sobre **empoderamento**. Vamos transformar o medo em estratégia e a frustração em ação. Você aprenderá a identificar suas dívidas, a escolher o melhor plano de batalha para eliminá-las e, o mais importante, a **blindar-se para nunca mais voltar a elas**. Este é o seu plano de ataque para conquistar a liberdade das dívidas.

4.1 Entendendo a Natureza da Dívida

A dívida não é inerentemente boa ou má. Ela é uma **ferramenta**. Como um martelo, pode ser usada para construir uma casa (dívida boa) ou para destruir (dívida ruim). O problema surge quando usamos a ferramenta errada para o propósito errado, ou quando perdemos o controle sobre ela.

Tipos de Dívidas:

1. **Dívidas Boas (ou "Investimento"):**

São aquelas que geram valor para você, aumentam sua capacidade de gerar renda ou adquirem ativos que se valorizam.

Geralmente têm juros baixos e são planejadas.

Exemplos:

- **Financiamento imobiliário**: Para compra de um imóvel que será sua moradia ou que será alugado (gerando renda).
- **Financiamento estudantil**: Para cursos que aumentarão sua qualificação profissional e, consequentemente, sua renda.
- **Empréstimo para um negócio**: Se o negócio tiver um plano sólido e potencial de retorno.

Importante: Mesmo dívidas "boas" precisam de planejamento e controle. Elas não significam que você pode se endividar sem limites.

2. **Dívidas Ruim (ou "Consumo"):**

São aquelas que não geram valor, não aumentam sua capacidade de gerar renda e, na maioria das vezes, são para aquisição de bens de consumo que se desvalorizam rapidamente ou para cobrir despesas básicas.

Geralmente têm juros altíssimos, levando ao endividamento progressivo.

Exemplos (e os piores inimigos da sua liberdade financeira):

- **Cartão de Crédito (rotativo)**: Os juros mais altos do mercado. Use o cartão com inteligência, pagando a fatura totalmente e em dia. O rotativo é uma armadilha mortal.
- **Cheque Especial**: Similar ao cartão de crédito, com juros exorbitantes. É um "empréstimo automático" que te seduz para gastar mais do que tem.
- **Empréstimos Pessoais de Bancos/Financeiras (com juros altos)**: Usados para consumo ou para cobrir outras dívidas, sem gerar valor real.
- **Carnês de Lojas**: Juros escondidos e altos.
- **Financiamento de Carro**: Embora possa ser uma necessidade para alguns, o carro é um bem que se desvaloriza rapidamente e gera muitos custos (seguro, IPVA, manutenção). Use com cautela e planejamento.

Atenção: Dívidas ruins são o que te impedem de construir patrimônio e de alcançar a liberdade financeira. Elas são a prioridade máxima a ser eliminada.

Ciclo da Dívida Ruim:

1. **Gasto Impulsivo/Necessidade**: Gasta-se mais do que se tem.
2. **Uso de Crédito Caro**: Recorre-se ao cartão de crédito rotativo ou cheque especial.
3. **Juros Compostos**: Os juros começam a incidir sobre o valor devido, fazendo a dívida crescer exponencialmente.
4. **Pagamento Mínimo**: Paga-se apenas o mínimo, e a dívida nunca diminui.
5. **Nova Dívida**: Nova emergência ou desejo surge, e recorre-se novamente ao crédito caro.
6. **Bola de Neve**: A dívida cresce, o estresse aumenta, e o desespero se instala.

Entender essa dinâmica é o primeiro passo para sair dela. O foco agora é atacar as **dívidas ruins** com toda a sua energia.

4.2 Identificando Suas Dívidas

Você não pode vencer um inimigo que não conhece. O primeiro passo prático para eliminar suas dívidas é identificá-las e quantificá-las de forma completa e sem omissão. Olhe o "monstro" nos olhos, por mais assustador que pareça.

Passo a passo para criar seu Inventário de Dívidas:

1. **Reúna Todos os Documentos**: Junte todas as faturas de cartão de crédito, extratos de cheque especial, contratos de

empréstimos, carnês, boletos atrasados. Se não tiver algum, ligue para as instituições financeiras e peça os detalhes.

2. **Crie uma Planilha (ou use um papel)**: Crie uma tabela com as seguintes colunas para cada dívida:

   Nome da Dívida: (Ex: Cartão de Crédito Banco X, Cheque Especial Banco Y, Empréstimo Pessoal Z, Carnê Loja K)

   Credor: (Nome do banco ou empresa)

   Valor Total da Dívida: O valor principal que você deve, sem considerar os juros futuros.

   Valor da Parcela Mensal: Quanto você paga por mês (ou quanto deveria pagar).

   Taxa de Juros (ao mês/ano): Este é o dado mais importante! Se não souber, ligue e pergunte. Fique atento aos juros do rotativo e cheque especial, eles são os mais altos.

   Data de Vencimento da Próxima Parcela:

   Data de Quitação Prevista: (Se souber).

   Situação: (Em dia, atrasada há X dias, negociada).

3. **Ordene as Dívidas:**

Por Taxa de Juros (do maior para o menor): Esta é a ordem que você usará para atacar a dívida (**Método Avalanche**). As dívidas com maiores juros são as que mais sugam seu dinheiro.

Por Valor (do menor para o maior): Esta é a ordem para outro método de quitação (**Método Bola de Neve**).

Benefícios do Inventário:

Você terá uma visão clara do tamanho do problema.

Priorização: Ajuda a identificar qual dívida é mais urgente de ser atacada.

Motivação: Ver o progresso na quitação de cada dívida é um grande motivador.

Não se assuste com os números. Este é o primeiro passo para virar o jogo. O conhecimento é poder, e agora você tem os dados para começar a construir seu plano de batalha.

4.3 Estratégias de Quitação

Com seu inventário de dívidas em mãos, é hora de escolher a estratégia de quitação que melhor se adapta à sua situação e ao seu perfil. Existem dois métodos principais, ambos eficazes, mas que apelam a diferentes tipos de motivação.

Antes de aplicar qualquer método, certifique-se de que você está contribuindo para sua **reserva de emergência mínima** (R$ 1.000-2.000) para evitar que novas pequenas emergências se transformem em novas dívidas enquanto você quita as antigas.

4.3.1 Método Bola de Neve

Este método foca na motivação psicológica e é ideal para quem precisa de vitórias rápidas para se manter engajado.

- **Como funciona:**
  1. Liste todas as suas dívidas em ordem **crescente de valor total**, da menor para a maior, independentemente dos juros.
  2. Pague o **valor mínimo** de todas as dívidas, exceto da menor dívida.
  3. Direcione **todo o dinheiro extra** que você conseguir (seja por cortes de gastos ou renda extra) para a **menor dívida**, atacando-a com tudo o que tem.
  4. Quando a menor dívida for quitada, celebre! Em seguida, pegue o valor que você pagava nela e some-o ao pagamento mínimo da próxima menor dívida.
  5. Repita o processo: O pagamento da "bola de neve" vai crescendo à medida que você quita as dívidas menores, liberando mais dinheiro para as maiores.
- **Vantagens:**

Motivação: A quitação rápida de dívidas menores gera um impulso psicológico enorme, mantendo você engajado e otimista.

Simplicidade: Fácil de entender e aplicar.

- **Desvantagens:**

Pode custar mais em juros a longo prazo, já que você não está priorizando as dívidas mais caras.

- **Exemplo:**

Dívida A: R$ 1.000 (juros 5%) - Parcela R$ 100

Dívida B: R$ 3.000 (juros 8%) - Parcela R$ 150

Dívida C: R$ 5.000 (juros 3%) - Parcela R$ 200

Você tem R$ 250 extras para pagar dívidas.

Ação: Paga R$ 150 (Dívida B) + R$ 200 (Dívida C) = R$ 350. Na Dívida A, você paga R$ 100 (mínimo) + R$ 250 (extra) = R$ 350.

Quando a Dívida A for quitada, os R$ 350 (que você pagava na A) serão adicionados ao pagamento da Dívida B.

4.3.2 Método Avalanche

Este método foca na economia de juros e é ideal para quem tem mais disciplina e uma motivação baseada em lógica financeira.

- **Como funciona:**
    1. Liste todas as suas dívidas em ordem **decrescente de taxa de juros**, da maior para a menor, independentemente do valor.
    2. Pague o **valor mínimo** de todas as dívidas, exceto da dívida com a maior taxa de juros.
    3. Direcione **todo o dinheiro extra** que você conseguir para a dívida com a **maior taxa de juros**, atacando-a com tudo o que tem.
    4. Quando a dívida com a maior taxa de juros for quitada, celebre! Em seguida, pegue o valor que você pagava nela e some-o ao pagamento mínimo da próxima dívida com a maior taxa de juros.
    5. Repita o processo.
- **Vantagens:**

    Economia de Juros: Você paga menos juros ao longo do tempo, economizando dinheiro.

    Quitação Mais Rápida (financeiramente falando): O valor total pago será menor.

- **Desvantagens:**

Pode levar mais tempo para quitar as primeiras dívidas, o que pode ser desmotivador para algumas pessoas.

- **Exemplo (usando o mesmo cenário anterior):**

  Dívida B: R$ 3.000 (juros 8%) - Parcela R$ 150

  Dívida A: R$ 1.000 (juros 5%) - Parcela R$ 100

  Dívida C: R$ 5.000 (juros 3%) - Parcela R$ 200

  Você tem R$ 250 extras para pagar dívidas.

  Ação: Paga R$ 100 (Dívida A) + R$ 200 (Dívida C) = R$ 300. Na Dívida B (maior juros), você paga R$ 150 (mínimo) + R$ 250 (extra) = R$ 400.

  Quando a Dívida B for quitada, os R$ 400 (que você pagava na B) serão adicionados ao pagamento da Dívida A.

Qual método escolher?

- Se você se sente sobrecarregado e precisa de motivação rápida, comece com o **Bola de Neve**.
- Se você é mais analítico, disciplinado e quer economizar o máximo possível em juros, escolha o **Avalanche**.

Ambos são eficazes porque te dão um plano e focam seus esforços. O importante é escolher um e segui-lo à risca.

4.4 Negociação de Dívidas

Muitas pessoas têm medo ou vergonha de negociar suas dívidas. No entanto, a **negociação** é uma ferramenta poderosa para reduzir o montante devido, conseguir condições de pagamento mais favoráveis e acelerar sua saída do endividamento. Lembre-se: os credores querem receber, e é do interesse deles negociar com você.

Quando Negociar?

- **Dívidas Atrasadas**: Bancos e empresas costumam oferecer maiores descontos para dívidas que já estão em atraso.
- **Dívidas de Juros Altos**: Cartão de crédito e cheque especial são os principais alvos de negociação devido às taxas exorbitantes.
- **Sempre que Sua Situação Mudar**: Se sua renda diminuiu ou aumentou, ou se você tem um valor extra para quitar, renegocie.

Como Negociar (Passo a Passo):

1. **Conheça Seus Números**: Antes de ligar, saiba exatamente o valor da dívida, a taxa de juros e quanto você pode pagar. Tenha em mente o valor que você realmente consegue pagar mensalmente e o valor total que você teria disponível para uma quitação à vista (se for o caso).

2. **Entre em Contato**: Ligue para o departamento de cobrança do credor. Seja educado, mas firme. Explique sua situação e seu desejo de quitar a dívida.
3. **Proponha um Acordo (Seja Ativo)**:

   Desconto para Quitação à Vista: Se você tem a reserva de emergência completa ou conseguiu um dinheiro extra (13º, bônus, venda de algo), ofereça quitar a dívida à vista em troca de um grande desconto (30%, 50%, ou até mais para dívidas muito antigas).

   Redução de Juros e Parcelamento: Se não puder pagar à vista, negocie a redução dos juros e um parcelamento que caiba no seu orçamento. Recuse parcelamentos com juros ainda altos que não te permitirão sair do ciclo vicioso.

   Portabilidade de Dívida: Pesquise se outros bancos ou financeiras oferecem empréstimos com juros menores para quitar sua dívida atual. Essa é a chamada "portabilidade de dívida", e pode ser uma ótima estratégia.

4. **Atenção aos Detalhes do Acordo**:

   Contrato Escrito: Nunca aceite acordos verbais. Peça tudo por escrito (e-mail, carta) antes de fazer qualquer pagamento. O contrato deve detalhar os valores, juros, número de parcelas, data de vencimento e o que acontece com seu nome (retirada do cadastro de inadimplentes).

Certifique-se do Desconto: Verifique se o valor negociado inclui a redução dos juros e multas.

"Limpar o Nome": Pergunte quando seu nome será retirado dos órgãos de proteção ao crédito (SPC, Serasa) após o pagamento da primeira parcela ou da quitação.

5. **Não Tenha Vergonha**: Lembre-se que você não é o único. Milhões de brasileiros têm dívidas. Negociar é um ato de responsabilidade e inteligência financeira. É melhor negociar e pagar do que não pagar nada.
6. **Cuidado com Golpes**: Desconfie de propostas que parecem boas demais para ser verdade, ou de pessoas que pedem dinheiro adiantado para "limpar seu nome". Sempre negocie diretamente com a instituição credora.
7. **Busque Ajuda Profissional (se necessário)**: Se a situação for muito complexa, com muitas dívidas e dificuldades de negociação, considere buscar ajuda de um especialista em finanças pessoais ou consultor de dívidas.

A negociação de dívidas é um ato de coragem e estratégia. É a oportunidade de cortar custos e acelerar sua jornada para a liberdade financeira.

4.5 Dinheiro Extra Para Dívidas

Para acelerar a quitação das dívidas, especialmente as de juros altos, você precisará de um "plano de ataque" mais agressivo para conseguir **dinheiro extra**. Isso pode significar "cortar na carne" temporariamente, mas a liberdade financeira que você conquistará valerá a pena.

Estratégias para Gerar Dinheiro Extra para Dívidas:

1. **Corte Radical de Gastos Não Essenciais:**

   Orçamento de Guerra: Por um período determinado (3 a 6 meses), elimine quase todos os seus gastos com desejos/lazer. Isso significa cortar restaurantes, deliveries, viagens, cinemas, compras de roupas, etc. Todo o dinheiro economizado vai para as dívidas.

   Marmita para o trabalho: Se ainda não faz, comece a levar marmita todos os dias. A economia é substancial.

   Reveja assinaturas: Cancele todas as assinaturas de streaming e serviços que não são estritamente necessários.

   Transporte: Utilize transporte público ou bicicleta se possível. Reduza o uso do carro.

   Compras no Supermercado: Foque em itens básicos, promoções, e evite desperdício.

2. **Venda de Bens Que Não Usa Mais:**

Faça um inventário de tudo o que você tem e não usa: roupas, eletrônicos antigos, móveis, livros, itens de decoração, joias, carro extra.

Utilize plataformas online (OLX, Enjoei, Mercado Livre, grupos de Facebook) ou feiras de garagem. Seja honesto sobre o estado dos itens e coloque preços competitivos.

O valor arrecadado vai diretamente para a dívida, sem desvios.

3. **Renda Extra Focada:**

Dedique seu tempo livre para gerar **renda extra** com um objetivo claro: quitar as dívidas.

Habilidades: Ofereça seus talentos: aulas particulares (idiomas, música, reforço escolar), consultoria na sua área, fotografia, design, redação, tradução.

Serviços: Ofereça serviços como passeador de cães, cuidador de crianças/idosos, diarista, motorista de aplicativo (se seu carro for compatível), consertos diversos.

Venda de produtos: Faça doces, salgados, artesanato para vender.

Trabalhos temporários: Bicos em eventos, lojas no fim de semana.

Foco total: Todo o dinheiro da renda extra é destinado à quitação das dívidas.

4. **Antecipação de Recebíveis:**

   Se você tem 13º salário, férias ou bônus a receber, considere usá-los para quitar ou amortizar dívidas, especialmente as de juros altos. O retorno de "economizar juros" é geralmente maior do que qualquer investimento de curto prazo.

5. **Refinanciamento de Dívidas:**

   Se você tem dívidas de juros altíssimos (cartão, cheque especial), pesquise empréstimos consignados (se tiver carteira assinada, com juros muito mais baixos) ou empréstimos com garantia (imóvel, veículo) para quitar essas dívidas caras. **Atenção:** só faça isso se os juros forem realmente muito menores e se você tiver certeza de que vai conseguir pagar as novas parcelas. É trocar uma dívida cara por uma barata, mas não é uma licença para gastar mais.

Lembre-se: esta fase é um "**sprint**", não uma maratona. Você está temporariamente apertando o cinto para se libertar o mais rápido possível. A sensação de ver suas dívidas diminuindo e, finalmente, zerando, é uma das maiores recompensas da sua jornada financeira.

4.6 Nunca Mais Voltar: Blindando Dívidas

Quitar as dívidas é uma vitória monumental. Mas a verdadeira liberdade reside em **nunca mais voltar a elas**. Este é um passo crucial para consolidar sua jornada e proteger suas futuras conquistas.

4.6.1 Criando um Novo Hábito de Consumo

A raiz da dívida de consumo muitas vezes está em hábitos de consumo não saudáveis, impulsividade e falta de planejamento.

1. **Adote o "Pague à Vista" e "Compre no Débito"**: Crie o hábito de só comprar se tiver o dinheiro disponível. O cartão de crédito, quando não usado com disciplina (pagamento total da fatura), é uma armadilha. Se você luta contra o uso impulsivo do cartão, considere deixá-lo em casa ou até mesmo cancelá-lo temporariamente.
2. **A Regra das 72 Horas**: Para compras não essenciais, espere 72 horas antes de finalizar. Esse tempo permite que a euforia do desejo passe e que você avalie se realmente precisa do item.
3. **Priorize Experiências, Não Bens**: Concentre seus gastos em experiências (viagens, cursos, momentos com a família) que geram memórias e crescimento, em vez de bens materiais que se desvalorizam e podem gerar mais dívidas.
4. **Questione o "Ter"**: A sociedade de consumo nos pressiona a ter sempre o último modelo, o maior, o mais novo. Questione

essa mentalidade. O que é realmente essencial para sua felicidade? A felicidade raramente está em um novo objeto.

5. **Aprenda a Dizer "Não"**: Diga "não" para compras que não se encaixam no seu orçamento, para pressões sociais e para o impulso de ter algo "agora". A satisfação adiada é uma habilidade poderosa.

4.6.2 Reserva de Emergência Contra Dívidas

A **reserva de emergência**, que discutimos no Capítulo 2, é a sua principal **blindagem** contra novas dívidas.

- **Evita o Ciclo da Urgência**: A maioria das dívidas de juros altos surge de imprevistos (carro quebra, despesa médica, perda de emprego). Sem uma reserva, a única "solução" rápida é o cheque especial ou o rotativo do cartão. Com ela, você cobre a emergência sem se endividar.
- **Paz de Espírito para Decisões**: Saber que você tem um colchão de **segurança** permite que você tome decisões financeiras mais racionais, sem o desespero de uma crise. Isso reduz a probabilidade de escolhas impulsivas que geram dívidas.
- **Foco no Crescimento, Não na Sobrevivência**: Quando você não está constantemente apagando incêndios financeiros, pode direcionar sua energia e seus recursos para a construção de patrimônio e o alcance de seus sonhos.

Reforçando a Blindagem:

- **Mantenha seu Orçamento em Dia**: O orçamento é a ferramenta de monitoramento que impede que você gaste mais do que ganha.
- **Monitore Seus Gastos**: Esteja sempre ciente para onde seu dinheiro está indo. Use sua ferramenta de orçamento.
- **Controle os Cartões de Crédito**: Se você usa cartão de crédito, que seja com responsabilidade total. Pague a fatura integralmente e em dia, transformando-o em uma ferramenta de conveniência e não de dívida.

Blindar-se contra novas dívidas é um compromisso contínuo com sua liberdade. É um sinal de maturidade e inteligência financeira que o diferenciará da maioria das pessoas.

4.7 Dívidas Zero, Liberdade Total

Você acaba de traçar o plano para conquistar um dos maiores símbolos da liberdade financeira: as **dívidas zero**. Não é um caminho fácil, exige disciplina e, muitas vezes, sacrifícios temporários. Mas a recompensa é imensa. A sensação de não ter dívidas, de ter seu dinheiro trabalhando para você e não para os bancos, é indescritível.

A eliminação das dívidas libera uma quantidade significativa de sua renda e, mais importante, de sua energia mental. Essa energia, antes consumida pela preocupação e pelo estresse, agora pode ser direcionada para construir seus sonhos.

Com sua mentalidade ajustada, sua reserva de emergência em andamento e suas dívidas sob controle, você está pronto para um dos capítulos mais empolgantes do seu roteiro: aumentar sua renda ativa. É hora de aprender a multiplicar seus ganhos e acelerar ainda mais sua jornada para a liberdade financeira.

CAPÍTULO 5 — AUMENTANDO SUA RENDA ATIVA

Você já ajustou sua **mentalidade**, construiu (ou está construindo) sua **reserva de emergência** e traçou um plano de ataque contra as **dívidas**. Com um **orçamento** em mãos, você tem clareza sobre o seu dinheiro. Agora, é hora de ir além da gestão e da proteção e focar na **multiplicação**! Este capítulo é sobre como aumentar sua **renda ativa**, o dinheiro que você ganha em troca do seu tempo e esforço.

Muitas pessoas pensam que a única forma de ganhar mais é pedindo um aumento ou mudando de emprego. Embora essas sejam opções válidas, há um mundo de possibilidades além do salário tradicional. Vamos explorar como você pode alavancar suas habilidades, seu conhecimento e seu tempo para gerar mais renda, acelerando significativamente sua jornada para a liberdade financeira.

5.1 A Mentalidade de "Gerador de Valor"

Antes de pensar em "como" ganhar mais, mude a forma como você pensa sobre a renda. Sua renda, seja um salário, um honorário ou o lucro de um negócio, é, em essência, o reflexo do **valor que você entrega para o mercado**.

- **Pessoas que geram mais valor, ganham mais.** Isso é um princípio fundamental. Se você resolve problemas maiores, de forma mais eficiente, ou se cria soluções mais inovadoras, seu valor percebido (e consequentemente sua remuneração) tende a aumentar.

- **Deixando de ser um "custo" para ser um "investimento"**: Em um emprego, pare de pensar em si mesmo apenas como um "custo" para a empresa. Pense em como você pode ser um "**investimento**" que gera um retorno maior do que o seu salário. Isso muda sua postura, sua proatividade e sua capacidade de negociação.
- **Visão de Mercado**: Não se limite à sua função atual. Pense: "Quais problemas eu posso resolver para as pessoas ou para as empresas?" "Que habilidades minhas são valiosas no mercado?" "Como posso me tornar indispensável?"

Essa mentalidade de "**gerador de valor**" te tira de uma postura passiva de "esperar que a renda chegue" para uma postura proativa de "criar e buscar renda". É o motor para todas as estratégias que veremos a seguir.

5.2 Investindo em Si Mesmo

O investimento mais rentável que você pode fazer não está na bolsa de valores ou em imóveis. Está em **você mesmo**. **Conhecimento, habilidades e experiências** são ativos que se valorizam exponencialmente e que ninguém pode tirar de você. Eles são a maior alavanca para aumentar sua renda ativa no longo prazo.

5.2.1 Educação Formal e Cursos Livres

- **Educação Formal (Graduação, Pós-graduação, MBA)**: Se sua área de atuação valoriza titulações, um diploma pode abrir portas para salários mais altos e posições de liderança. Avalie o custo-benefício e o retorno sobre o investimento (ROI) de cada curso.
- **Cursos Livres e Especializações**: O mundo muda rápido. Manter-se atualizado em sua área, ou aprender novas habilidades complementares, é crucial. Cursos online (Coursera, Udemy, Alura, LinkedIn Learning) são acessíveis e flexíveis. Invista em:

  Habilidades Técnicas (Hard Skills): Aquelas diretamente ligadas à sua profissão (programação, análise de dados, marketing digital, design, finanças, idiomas).

  Habilidades Emergentes: Áreas com alta demanda e pouca mão de obra qualificada (inteligência artificial, blockchain, ciência de dados, cibersegurança).

  Certificações: Muitas áreas têm certificações que atestam seu conhecimento e aumentam seu valor de mercado.

5.2.2 Habilidades Comportamentais

As habilidades técnicas te qualificam para o cargo, mas as **soft skills** te diferenciam e te impulsionam para o sucesso, impactando diretamente sua capacidade de gerar valor e, consequentemente, sua renda.

- **Comunicação Efetiva**: Saber se expressar claramente, ouvir ativamente e persuadir é fundamental em qualquer profissão. Isso inclui comunicação escrita e verbal.
- **Liderança e Trabalho em Equipe**: A capacidade de inspirar, motivar e colaborar com outros é altamente valorizada, especialmente em posições de gestão.
- **Resolução de Problemas**: Ser capaz de identificar problemas, analisar informações e propor soluções criativas é um diferencial enorme.
- **Inteligência Emocional**: Gerenciar suas próprias emoções e entender as emoções dos outros é crucial para construir relacionamentos, lidar com conflitos e manter a resiliência.
- **Pensamento Crítico e Adaptabilidade**: A capacidade de questionar, analisar e se adaptar a novas situações é vital em um mundo em constante mudança.
- **Negociação**: Seja para um aumento, para um novo contrato ou para comprar algo, a habilidade de negociação é uma das mais importantes para sua vida financeira.

Como investir em Soft Skills:

- Participe de workshops e treinamentos.
- Leia livros sobre o tema.
- Busque feedback de colegas e líderes.
- Observe pessoas bem-sucedidas em sua área.
- Pratique ativamente no dia a dia.

Investir em si mesmo é um ciclo virtuoso: quanto mais você aprende, mais valor você agrega. Quanto mais valor você agrega, mais oportunidades de renda surgem. É um ativo que se multiplica e rende dividendos em todas as áreas da sua vida.

5.3 Aumentar Renda no Emprego Atual

Antes de buscar novas fontes de renda, explore o potencial de crescimento onde você já está. Maximizando seu salário atual, você aumenta sua base de ganhos e otimiza seu tempo.

5.3.1 Negociação Salarial

Muitos profissionais subestimam o poder da **negociação salarial**, seja ao entrar em um novo emprego ou ao buscar um aumento.

- **Pesquise o Mercado**: Antes de qualquer negociação, saiba qual é a média salarial para sua função, nível de experiência e setor, na sua região. Use sites como Glassdoor, LinkedIn, Catho e converse com profissionais da área.
- **Conheça Seu Valor**: Faça uma lista de suas conquistas, projetos bem-sucedidos, habilidades que você desenvolveu e como você gerou valor para a empresa. Quantifique seus resultados sempre que possível (Ex: "Reduzi os custos em X%", "Aumentei a produtividade em Y%", "Trouxe Z novos clientes").

- **Escolha o Momento Certo**: O melhor momento para pedir um aumento é quando você entregou resultados significativos, durante uma avaliação de desempenho positiva, ou quando a empresa está em um bom momento financeiro.
- **Prepare Seu Argumento**: Apresente seu valor de forma clara e objetiva. Justifique o aumento com base em suas contribuições e no valor de mercado, não apenas em suas necessidades pessoais.
- **Seja Profissional e Confiante**: Mantenha a calma e a postura profissional. Uma boa negociação é uma via de mão dupla. Esteja aberto a outras formas de remuneração (bônus, benefícios, participação nos lucros).
- **Esteja Preparado para o "Não"**: Um "não" não é o fim da conversa. Pergunte o que você precisa fazer para chegar lá no futuro. Isso demonstra proatividade e compromisso.

5.3.2 Promoções e Novas Responsabilidades

Um aumento de salário nem sempre vem de uma negociação direta, mas sim de uma mudança de cargo ou de responsabilidades que justifiquem uma remuneração maior.

- **Seja Proativo**: Não espere que novas responsabilidades caiam no seu colo. Identifique lacunas na empresa, problemas que precisam ser resolvidos ou projetos que precisam de liderança. Apresente-se para essas oportunidades.

- **Mostre Liderança**: Mesmo que não seja um cargo de gestão, demonstre capacidade de liderar projetos, influenciar equipes e tomar iniciativas.
- **Desenvolva Habilidades Chave**: Identifique as habilidades que são mais valorizadas para a próxima etapa da sua carreira dentro da empresa e invista no seu desenvolvimento (como vimos no item 5.2).
- **Networking Interno**: Construa bons relacionamentos com colegas de outras áreas e com lideranças. Isso aumenta sua visibilidade e as chances de ser lembrado para novas oportunidades.
- **Peça Feedback e Defina Metas**: Converse com seu gestor sobre suas aspirações de carreira e pergunte quais passos e habilidades você precisa desenvolver para alcançar o próximo nível. Definam metas claras para isso.
- **Conheça a Cultura da Empresa**: Entenda como a empresa valoriza e promove seus funcionários. Em algumas, o desempenho é mais importante; em outras, a antiguidade.

Maximizar sua renda no emprego atual é o caminho mais direto para o aumento da sua renda ativa, pois você já possui uma base, um ambiente conhecido e um relacionamento estabelecido. É um investimento de tempo e esforço que pode trazer retornos significativos.

5.4 Criando "Side Hustles"(Rendas Extras)

"**Side Hustles**" são atividades que você realiza fora do seu trabalho principal para gerar uma **renda extra**. Eles são uma das formas mais eficazes de acelerar sua jornada para a liberdade financeira, permitindo que você multiplique seus ganhos sem depender apenas de um salário. Além do dinheiro, eles podem ser uma ótima maneira de explorar novas paixões, desenvolver habilidades e até mesmo testar ideias de negócio sem grande risco.

5.4.1 Identificando Suas Habilidades e Paixões

O ponto de partida para um side hustle é olhar para dentro de si. O que você sabe fazer bem? O que você ama fazer? O que as pessoas costumam te pedir ajuda?

- **Liste suas habilidades:**

  Habilidades profissionais: Aquelas que você usa no seu dia a dia (marketing, programação, escrita, análise de dados, design, vendas, gestão).

  Habilidades pessoais/hobbies: Cozinhar, assar, costurar, artesanato, tocar um instrumento, fotografia, jardinagem, organização, cuidar de animais, dar aulas de algo que você domina.

  Conhecimentos: Você é especialista em algum software? Conhece muito sobre um determinado tópico (finanças, tecnologia, saúde, moda)?

- **Identifique suas paixões**: O que você faria de graça? Embora o objetivo seja ganhar dinheiro, fazer algo que você gosta torna o trabalho extra menos pesado e mais sustentável.
- **O que o mercado precisa?** Cruze suas habilidades e paixões com as necessidades do mercado. Existe demanda para o que você oferece?

5.4.2 Ideias de Renda Extra

Com base em suas habilidades e tempo disponível, aqui estão algumas ideias de side hustles:

1. **Serviços Digitais (com baixa barreira de entrada):**

   Freelancer em Escrita/Tradução: Sites como Workana, 99Freelas, Upwork, Fiverr.

   Design Gráfico (básico): Criação de posts para redes sociais, logotipos simples, materiais de divulgação.

   Gestão de Redes Sociais: Para pequenos negócios que precisam de presença online.

   Aulas Online/Consultoria: Ensinar idiomas, matérias escolares, software, finanças pessoais, etc.

   Assistente Virtual: Organização de agenda, e-mails, tarefas administrativas para empresários.

Edição de Vídeos/Imagens: Para criadores de conteúdo ou pequenas empresas.

2. **Serviços Pessoais:**

Aulas Particulares: De reforço escolar, instrumentos musicais, esportes.

Passeador de Cães/Pet Sitter: Para amantes de animais.

Babá/Cuidador de Idosos: Se você tem experiência e tempo.

Organização de Ambientes: Ajuda a organizar casas, escritórios.

Cozinhar/Assar para Venda: Doces, bolos, salgados, marmitas.

Serviços de Manutenção/Reparos: Pequenos consertos em casa, jardinagem, limpeza.

3. **Venda de Produtos:**

Produtos Artesanais: Joias, sabonetes, velas, roupas, decorações.

E-commerce/Dropshipping: Venda de produtos online sem ter estoque físico. Requer pesquisa de mercado.

Venda de Produtos Usados: Roupas, eletrônicos, móveis (já abordado no Capítulo 4, mas vale o reforço).

4. **Aluguel de Ativos:**

Aluguel de Quartos/Imóveis: Airbnb ou plataformas similares.

Aluguel de Carro: Para aplicativos como Uber ou 99.

Aluguel de Equipamentos: Ferramentas, equipamentos de festa, etc.

Dicas para o Sucesso do Side Hustle:

- **Comece Pequeno**: Não precisa largar seu emprego. Comece com poucas horas por semana.
- **Foque no Valor**: O que você está entregando? Qual problema você resolve?
- **Divulgue**: Conte para amigos, familiares, use redes sociais, grupos de WhatsApp da sua comunidade.
- **Profissionalismo**: Mesmo sendo uma renda extra, trate-a com profissionalismo. Cumpra prazos, entregue qualidade.
- **Separe as Finanças**: Mantenha os ganhos do side hustle separados de suas finanças pessoais para ter controle e ver o lucro real.

- **Reinvista (parte)**: Parte do que você ganha pode ser reinvestida em cursos para aprimorar sua habilidade ou em materiais para o side hustle.

A renda extra é uma poderosa alavanca para acelerar suas metas de reserva, quitação de dívidas e primeiros investimentos. É a prova prática de que seu tempo e suas habilidades podem ser transformados em riqueza.

5.5 O Empreendedorismo

Se seu "side hustle" começar a crescer, ou se você tiver uma ideia de negócio mais estruturada, o próximo passo é considerar o **empreendedorismo**. Este é o caminho para não apenas multiplicar sua renda, mas também para construir ativos e ter um controle maior sobre seu tempo e seu futuro financeiro. Empreender não é para todos, mas é uma avenida poderosa para a liberdade.

5.5.1 Planejamento e Estruturação Inicial

Não se jogue de cabeça sem um plano. Mesmo um pequeno negócio precisa de planejamento.

- **Validação da Ideia**: Existe demanda real para o seu produto/serviço? Quem são seus clientes? Qual problema você resolve para eles?
- **Plano de Negócios Simplificado:**

Produto/Serviço: O que você vai vender? Qual é o seu diferencial?

Público-Alvo: Para quem você vai vender? Quem são seus clientes ideais?

Modelo de Negócio: Como você vai ganhar dinheiro? (Venda direta, assinatura, serviço por hora/projeto).

Preços: Como você vai precificar seus produtos/serviços? Considere custos e valor percebido.

Custos Iniciais e Operacionais: Quanto você precisa investir para começar? Quanto custa para manter o negócio funcionando? (Isso vai te ajudar a definir a reserva de emergência para o negócio, se for o caso).

Análise de Concorrência: Quem são seus concorrentes? O que eles fazem bem? Onde você pode ser diferente/melhor?

- **Formalização (MEI, etc.)**: Mesmo que pequeno, considere formalizar seu negócio, especialmente se a renda começar a crescer. O **MEI (Microempreendedor Individual)** é uma opção simples e barata para começar. Isso te dá CNPJ, permite emitir nota fiscal e ter acesso a benefícios previdenciários.

- **Separação de Finanças Pessoais e do Negócio**: **ESSENCIAL!** Crie uma conta bancária separada para o seu negócio, mesmo que seja MEI. Isso te dará clareza sobre a saúde financeira do seu empreendimento e evitará misturar as finanças pessoais, que podem ser um "ralo" para o negócio.
- **Defina Horários e Limites**: No início, você provavelmente conciliará com seu emprego. Defina horários específicos para trabalhar no seu negócio e evite o *burnout*.

5.5.2 Marketing e Prospecção de Clientes

Um bom produto/serviço precisa ser conhecido.

- **Marketing Digital Básico:**

  Redes Sociais: Crie perfis profissionais nas plataformas onde seu público-alvo está (Instagram, Facebook, LinkedIn). Publique conteúdo relevante, interaja com seus seguidores.

  WhatsApp Business: Uma ferramenta poderosa para comunicação direta e vendas.

  Site Simples/Portfólio: Se o seu negócio permite, um site básico ou um portfólio online profissionaliza sua imagem.

  Google Meu Negócio: Essencial para negócios locais.

- **Networking**: Converse com amigos, familiares, colegas. Peça indicações. Participe de grupos e eventos da sua área de atuação.
- **Peça Depoimentos e Indique**: Clientes satisfeitos são sua melhor propaganda. Peça-lhes depoimentos e peça para que te indiquem.
- **Ofereça Valor Gratuito (Iscas Digitais)**: Para atrair clientes, você pode oferecer um mini-guia gratuito, uma consultoria inicial, um e-book, um tutorial em vídeo. Isso demonstra sua expertise e gera confiança.
- **Aprenda a Vender**: Venda é um processo de resolução de problemas. Entenda as dores do seu cliente e mostre como seu produto/serviço pode ajudá-lo.

O empreendedorismo é desafiador, mas as recompensas podem ser exponenciais. Não só em termos financeiros, mas em autonomia, realização e impacto. Ele acelera a construção da sua renda ativa e, a longo prazo, pode ser a fonte principal da sua renda passiva.

5.6 Multiplique Sua Renda

Você acaba de explorar o universo da **renda ativa**, indo muito além da ideia de um salário fixo. Ao compreender que sua renda é um reflexo do valor que você entrega, e ao se comprometer a investir em si mesmo, você desbloqueia um potencial de ganhos que talvez nem imaginasse.

Seja buscando um aumento no emprego atual, assumindo novas responsabilidades, criando **side hustles** inteligentes ou até mesmo embarcando na jornada empreendedora, o poder de **multiplicar sua renda** está em suas mãos. Não dependa apenas de uma única fonte; diversifique seus ganhos.

Cada real adicional que você gera, especialmente aqueles que você consegue economizar e investir, é um tijolo a mais na construção do seu roteiro da riqueza. Essa renda ativa extra será crucial para acelerar a quitação de dívidas e, mais importante, para dar os primeiros passos sólidos no mundo dos investimentos.

Agora que você sabe como fazer mais dinheiro, é hora de aprender a fazer seu dinheiro trabalhar para você. No próximo capítulo, vamos mergulhar no fascinante mundo dos **investimentos em renda variável**, explorando ações, Fundos de Investimento Imobiliário (FIIs) e a importância da diversificação estratégica. Sua jornada de crescimento financeiro está prestes a acelerar!

CAPÍTULO 6 — INVESTIMENTOS

Com sua **mentalidade** ajustada, a **reserva de emergência** em formação (ou já completa) e o **orçamento** sob controle — e até mesmo com estratégias para **aumentar sua renda ativa** —, você chegou a um dos estágios mais empolgantes e transformadores do seu roteiro da riqueza: o mundo dos **investimentos**.

Aqui, o dinheiro que você poupa e ganha começa a **trabalhar para você**, gerando mais dinheiro. É a mágica dos **juros compostos** em ação, onde cada real investido tem o potencial de se multiplicar ao longo do tempo. Mas, para investir com inteligência, é crucial entender os princípios básicos, especialmente em **renda variável**, que oferece maior potencial de crescimento a longo prazo.

Neste capítulo, vamos desmistificar investimentos como **ações** e **Fundos de Investimento Imobiliário (FIIs)**, e, mais importante, vamos focar na **diversificação estratégica**, o pilar mestre da segurança e do crescimento inteligente. Prepare-se para ver seu dinheiro crescendo!

6.1 Entendendo Risco e Retorno

Antes de qualquer investimento, é fundamental compreender a relação intrínseca entre **risco e retorno**. Eles andam de mãos dadas: para ter a chance de um retorno maior, você geralmente precisa aceitar um risco maior. E vice-versa.

6.1.1 Perfil de Investidor

Seu **perfil de investidor** é a sua tolerância a risco. Conhecê-lo é essencial para não tomar decisões que te façam perder o sono ou se arrepender.

- **Investidor Conservador:**

  Prioridade: Segurança e preservação do capital.

  Tolerância a Risco: Baixa. Não aceita grandes flutuações ou perdas.

  Investimentos Típicos: Renda Fixa de baixo risco (**CDBs**, **Tesouro Direto Selic**, **Fundos DI**). A **reserva de emergência** é um exemplo de investimento conservador.

  Objetivo: Proteger o dinheiro da inflação e ter liquidez.

- **Investidor Moderado:**

  Prioridade: Equilíbrio entre segurança e crescimento.

  Tolerância a Risco: Média. Aceita alguma flutuação para buscar retornos maiores, mas com limites.

  Investimentos Típicos: Uma carteira diversificada com parte em **Renda Fixa** e parte em **Renda Variável** (ações, FIIs, fundos multimercado) com maior cautela.

Objetivo: Fazer o dinheiro crescer acima da inflação, sem correr riscos excessivos.

- **Investidor Agressivo (ou Arrojado):**

  Prioridade: Alto potencial de retorno, mesmo que isso envolva riscos maiores.

  Tolerância a Risco: Alta. Entende e aceita a possibilidade de perdas significativas no curto prazo em busca de ganhos exponenciais no longo prazo.

  Investimentos Típicos: Maior alocação em **Renda Variável** (ações de maior risco, fundos de ações, criptomoedas), fundos de *private equity*.

  Objetivo: Multiplicar o patrimônio de forma acelerada.

Como descobrir seu perfil? Muitas corretoras oferecem um **questionário de *suitability*** que te ajuda a identificar seu perfil. Seja honesto nas respostas. Seu perfil pode mudar com o tempo e a experiência.

6.1.2 Risco e Prazo do Investimento

É fundamental entender que o **risco de um investimento diminui com o tempo**.

- **Curto Prazo**: No curto prazo, a **renda variável** (ações, FIIs) é muito volátil. Você pode ter grandes ganhos ou grandes perdas em poucos dias ou meses. Por isso, a **reserva de emergência JAMAIS deve estar em renda variável**.

- **Longo Prazo**: No longo prazo, as flutuações tendem a se equilibrar, e o potencial de crescimento da renda variável se sobressai. Empresas boas tendem a crescer, gerando valor para os acionistas.

Conclusão:

- Para dinheiro que você precisará em menos de 2-3 anos (**reserva de emergência**, metas de curto prazo), foque em **segurança e liquidez (Renda Fixa)**.
- Para dinheiro que você pode deixar investido por 5, 10, 20 anos ou mais (metas de longo prazo, aposentadoria), a **renda variável** é fundamental para ter um crescimento real e proteger seu poder de compra da inflação.

Saber seu perfil de investidor e alinhar seus investimentos aos seus prazos é o primeiro passo para investir com inteligência e tranquilidade.

6.2 O Universo da Renda Variável

A **renda variável** é onde o seu dinheiro tem o maior potencial de crescimento no longo prazo, superando a inflação e até mesmo a renda fixa mais rentável. No entanto, o próprio nome já diz: a rentabilidade varia, e há riscos. Por isso, a inteligência e o conhecimento são seus maiores aliados.

6.2.1 Renda Variável a Longo Prazo

- **Potencial de Rentabilidade Superior**: Historicamente, ao longo de décadas, a bolsa de valores tem superado a renda fixa e a inflação. Isso acontece porque você está investindo em empresas que crescem, geram lucros e se valorizam.
- **Proteção Contra a Inflação**: A inflação corrói o poder de compra do seu dinheiro. Enquanto a renda fixa pode apenas "empatar" com a inflação ou render um pouco acima, a renda variável tem o potencial de gerar ganhos reais muito maiores.
- **Juros Compostos Acelerados**: Quando seus investimentos em renda variável crescem, os lucros são reinvestidos, e esse dinheiro também começa a gerar mais dinheiro, criando um efeito "**bola de neve**" exponencial no longo prazo.
- **Se Tornar Sócio de Grandes Negócios**: Ao comprar ações, você se torna uma pequena parte de grandes empresas, compartilhando de seus lucros e de seu crescimento.

6.2.2 Como Funciona a Bolsa de Valores

A **bolsa de valores** é um ambiente onde empresas negociam suas ações (pequenas partes de seu capital) e outros títulos. Pense nela como um grande "feira" onde pessoas compram e vendem pedaços de empresas.

- **Empresas abrem capital (IPO)**: Empresas que precisam de capital para crescer abrem seu capital na bolsa, vendendo ações ao público.

- **Oferta e Demanda**: O preço das ações flutua diariamente com base na oferta e demanda, que por sua vez são influenciadas por notícias da empresa, do setor, da economia e do sentimento do mercado.
- **Lucro ao Comprar e Vender**: Você pode ganhar dinheiro na bolsa de duas formas principais:

  Valorização (Ganho de Capital): Comprando ações por um preço e vendendo por um preço maior.

  Dividendos: Recebendo uma parte dos lucros da empresa periodicamente (como se fosse um "aluguel" por ter a ação).

Importante: A **renda variável é para dinheiro de longo prazo**. Você precisa ter estômago para as flutuações e entender que perdas no curto prazo são normais. Não invista dinheiro que você precisará em breve.

6.3 Ações: Sócio de Grandes Empresas

Investir em **ações** significa se tornar um pequeno sócio de uma empresa. Quando você compra uma ação da Petrobras, da Vale, do Itaú, ou de qualquer outra empresa listada na bolsa, você adquire uma fração daquele negócio.

6.3.1 O Que São Ações e Como Comprar

- **O que são Ações**: São títulos de propriedade que representam uma fração do capital social de uma empresa. Ao possuir ações, você tem direitos proporcionais à sua participação, como direito a voto em assembleias (para ações ordinárias) e direito a receber parte dos lucros (**dividendos**).
- **Como Comprar:**
  1. **Abra Conta em uma Corretora de Investimentos**: Corretoras como Rico, Clear, Easynvest, XP, BTG Pactual, entre outras. O processo é simples e geralmente gratuito.
  2. **Transfira Dinheiro**: Transfira dinheiro da sua conta bancária para a conta da corretora via TED/DOC ou Pix.
  3. **Escolha as Ações**: Aqui entra a pesquisa e a estratégia (ver análise fundamentalista).
  4. **Envie a Ordem**: Através do *home broker* (plataforma da corretora), você envia uma ordem de compra (tipo e quantidade de ações, preço).

6.3.2 Análise Fundamentalista Simplificada

Para investir em ações no longo prazo, você precisa entender o negócio por trás da ação. A **análise fundamentalista** é o estudo da saúde financeira e das perspectivas de uma empresa. O objetivo é comprar "**boas empresas**" a "**bons preços**".

Perguntas-chave para iniciantes:

1. **Qual o Negócio da Empresa?** Você entende o que ela faz? É um negócio que você acredita no futuro?
2. **A Empresa Dá Lucro?** Analise os balanços e demonstre lucros consistentes ao longo dos anos. Empresas lucrativas têm mais chance de distribuir dividendos e crescer.
3. **A Empresa Tem Dívidas Controladas?** Dívidas excessivas podem ser um problema.
4. **Quem são os Concorrentes?** A empresa tem alguma vantagem competitiva (marca forte, tecnologia única, rede de distribuição)?
5. **Qual o Histórico de Dividendos?** A empresa tem um histórico de pagar dividendos regularmente? (Veremos isso no 6.3.3)
6. **Qual a Governança Corporativa?** A empresa é bem gerida, transparente e respeita os acionistas?

Ferramentas Úteis (gratuitas):

- **Status Invest**: Site com informações financeiras e indicadores de empresas.
- **Fundamentus**: Outro site com dados fundamentalistas.
- **Relatórios das Corretoras**: Muitas corretoras oferecem relatórios e análises de empresas.

Evite:

- **"Dicas quentes"**: Invista no que você entende. Não compre ações só porque alguém disse que vai subir.

- **Focar no Curto Prazo**: Ações são para o longo prazo. Não se assuste com as flutuações diárias.
- **Concentração**: Não coloque todo o seu dinheiro em uma única ação (falaremos mais sobre diversificação).

6.3.3 Dividendos e Juros Sobre Capital Próprio

Além da valorização das ações, você pode ganhar dinheiro através dos **dividendos** e **Juros Sobre Capital Próprio (JCP)**.

- **Dividendos**: São parcelas do lucro líquido de uma empresa que são distribuídas aos acionistas. É como se fosse um "**aluguel**" que você recebe por ser sócio. São **isentos de Imposto de Renda para pessoa física**.
- **Juros Sobre Capital Próprio (JCP)**: Outra forma de remuneração aos acionistas, mas com uma pequena diferença fiscal. É considerado despesa para a empresa, e o acionista paga Imposto de Renda (15%) sobre o valor recebido.

Por que são importantes?

- **Renda Passiva**: Geram uma fonte de **renda passiva** que pode ser reinvestida para comprar mais ações, criando um ciclo de juros compostos.
- **Menos Volatilidade**: Empresas boas pagadoras de dividendos tendem a ser mais estáveis e maduras.

- **Sinal de Saúde Financeira**: Empresas que pagam dividendos consistentes geralmente têm bons lucros e caixa.

Investir em ações com foco em bons fundamentos e dividendos é uma estratégia poderosa para construir riqueza no longo prazo, participando do crescimento da economia real.

6.4 Fundos de Investimento Imobiliário (FIIs)

Os **Fundos de Investimento Imobiliário (FIIs)** são uma excelente porta de entrada para o mercado imobiliário, permitindo que você invista em grandes empreendimentos (*shoppings*, lajes corporativas, galpões logísticos, hospitais, escolas) e receba **aluguéis mensais** sem ter que se preocupar com a compra, gestão ou inquilinos de um imóvel físico.

6.4.1 O Que São FIIs e Seus Tipos

- **O que são FIIs**: São condomínios fechados de investidores que aplicam em ativos imobiliários (imóveis físicos, títulos de dívida imobiliária como CRIs e LCIs, etc.). Você compra **cotas do fundo na bolsa de valores** (similar a ações).
- **Tipos de FIIs:**
    - **FIIs de Tijolo**: Investem diretamente em imóveis físicos (*shoppings*, escritórios, galpões, hospitais, hotéis). O rendimento vem dos aluguéis.
    - **FIIs de Papel**: Investem em títulos de dívida do setor imobiliário (Certificados de Recebíveis Imobiliários -

CRIs, Letras de Crédito Imobiliário - LCIs, etc.). O rendimento vem dos juros e correção monetária desses títulos.

FIIs Híbridos: Investem tanto em imóveis físicos quanto em títulos de papel.

FIIs de Desenvolvimento: Investem em projetos de construção e desenvolvimento imobiliário. (Geralmente de maior risco).

6.4.2 Vantagens e Desvantagens dos FIIs

Vantagens:

- **Acesso ao Mercado Imobiliário com Pouco Dinheiro**: Você pode começar a investir em FIIs com cotas a partir de R$ 10,00 ou R$ 100,00.
- **Renda Mensal Isenta de IR**: Os rendimentos (aluguéis) distribuídos pelos FIIs são **isentos de Imposto de Renda para pessoa física**, o que é uma grande vantagem!
- **Diversificação Instantânea**: Ao comprar uma cota de um FII de *shopping*, por exemplo, você se torna "sócio" de vários *shoppings*, diluindo o risco de um único imóvel ou inquilino.
- **Gestão Profissional**: Os fundos são geridos por gestores profissionais que cuidam de tudo (compra, venda, manutenção, cobrança de aluguéis, etc.), liberando você de preocupações.

- **Alta Liquidez**: Diferente de um imóvel físico que pode levar meses para vender, as cotas de FIIs são negociadas na bolsa de valores, e você pode comprar ou vender a qualquer momento.
- **Diversificação por Tipo de Imóvel**: Você pode diversificar sua carteira de FIIs investindo em diferentes segmentos (*shoppings*, logísticos, corporativos, etc.), reduzindo o risco de depender de um único setor.

Desvantagens:

- **Volatilidade**: As cotas de FIIs são negociadas na bolsa, então seus preços podem flutuar diariamente (valorizando ou desvalorizando).
- **Risco de Mercado**: A economia e o setor imobiliário podem afetar o valor das cotas e o pagamento dos aluguéis.
- **Taxa de Administração**: Os fundos cobram uma taxa pela gestão.
- **Imposto de Renda sobre Ganho de Capital**: Se você vender suas cotas com lucro, paga 20% de IR sobre o lucro (diferente dos dividendos).

Como Escolher um Bom FII (Análise Simplificada):

- **Conheça o Gestor**: Pesquise sobre a gestora do fundo.
- **Analise o Portfólio**: O que o fundo investe? Quais imóveis (para FIIs de tijolo)? Quais títulos (para FIIs de papel)?

- **Rendimento (*Dividend Yield*)**: Quanto o fundo tem distribuído de rendimentos em relação ao preço da cota?
- **Liquidez da Cota**: O volume de negociação diária da cota é bom? (Evite fundos com pouca negociação).
- **Preço da Cota vs. Valor Patrimonial**: A cota está sendo negociada com desconto ou ágio em relação ao valor real dos ativos do fundo?

FIIs são excelentes ferramentas para construir uma **renda passiva mensal** e diversificar sua carteira de investimentos com foco no mercado imobiliário.

6.5 Diversificação Estratégica de Carteira

Se há uma única regra de ouro nos investimentos, é a **diversificação**. Como o ditado popular, "Não coloque todos os seus ovos na mesma cesta." A diversificação é a sua principal ferramenta para gerenciar o risco e aumentar as chances de sucesso no longo prazo.

6.5.1 Por Que Diversificar É Crucial

- **Redução de Risco**: Se um investimento vai mal, os outros podem compensar. Uma queda em um setor não afeta todo o seu patrimônio.
- **Otimização do Retorno**: Ao combinar diferentes tipos de ativos que reagem de formas distintas às condições de

mercado, você pode obter um retorno mais consistente ao longo do tempo, sem estar exposto a riscos desnecessários.

- **Proteção Contra Imprevistos**: Uma crise em um país, um problema em uma empresa específica, uma bolha em um setor – a diversificação te protege desses eventos.
- **Aproveitamento de Oportunidades**: Diferentes classes de ativos se comportam de maneira diferente em cada fase do ciclo econômico. Diversificar permite que você aproveite as altas de diferentes mercados em momentos distintos.

6.5.2 Tipos de Diversificação

A diversificação não é apenas comprar muitas ações. É muito mais ampla:

1. **Diversificação por Classe de Ativos:**
    - **Renda Fixa e Renda Variável**: Você deve ter uma parte em Renda Fixa (para reserva de emergência e metas de curto prazo) e outra em Renda Variável (para metas de longo prazo). O percentual de cada um dependerá do seu perfil de risco e prazo.
    - **Diferentes Ativos de Renda Variável**: Dentro da Renda Variável, diversifique entre:
        - **Ações**: Empresas de diferentes portes, setores e mercados.
        - **FIIs**: Diferentes tipos de FIIs (tijolo, papel, de diferentes setores imobiliários).

- **Fundos de Investimento**: Fundos de ações, multimercado, cambiais (se fizer sentido para você).
- **ETFs**: Fundos que replicam índices (como o Ibovespa), dando acesso a uma cesta de ativos com uma única compra.
- **Criptomoedas**: (Abordaremos no próximo capítulo, mas devem ser uma pequena parte do portfólio e para investidores com alta tolerância a risco).

2. **Diversificação por Setores da Economia:**

   Não coloque todo o seu dinheiro em ações de empresas de um único setor (ex: só bancos, só empresas de tecnologia). Se aquele setor passar por uma crise, todo o seu investimento será afetado.

   Invista em setores variados: financeiro, energia, consumo, saneamento, tecnologia, varejo, agronegócio, etc.

3. **Diversificação por Geografia (Internacional):**

   Não invista apenas no Brasil. A economia brasileira tem suas particularidades e riscos.

   Invista em ativos internacionais (ações de empresas americanas, fundos globais, **BDRs – *Brazilian Depositary Receipts*** que representam ações de empresas estrangeiras negociadas no Brasil). Isso te protege de crises locais e te expõe a mercados de alto crescimento.

4. **Diversificação por Estratégia/Estilo:**

   Dentro das ações, você pode diversificar entre empresas de valor (mais estáveis, pagadoras de dividendos) e empresas de crescimento (maior potencial de valorização, mas mais arriscadas).

A diversificação é um processo contínuo. Sua carteira deve ser revisada e rebalanceada periodicamente para garantir que ela ainda reflita seus objetivos e tolerância a risco.

6.6. Montando Sua Carteira Diversificada

Para começar a investir em renda variável de forma inteligente, você não precisa de milhões ou de um conhecimento aprofundado. A chave é começar de forma simples e consistente, com foco na **diversificação**.

Pré-requisito: Sua **Reserva de Emergência** deve estar completa (ou quase completa) e suas **dívidas de juros altos** controladas. Não invista em renda variável com dinheiro que você precisará no curto prazo.

Sugestões para Diferentes Perfis (Exemplos de Alocação):

- **Perfil Moderado (Iniciante em Renda Variável):**

  70% Renda Fixa: Tesouro Selic, CDBs de liquidez diária, LCIs/LCAs (com carência, mas para metas de médio prazo, não para reserva).

  - *Objetivo*: Proteger o capital e garantir a liquidez para imprevistos.

  30% Renda Variável:

  - **15% FIIs**: Escolha 3 a 5 FIIs de setores diferentes (ex: 1 de *shopping*, 1 de galpão logístico, 1 de papel) e com boa liquidez e histórico de dividendos.
  - **10% Ações (empresas grandes e sólidas)**: Escolha 3 a 5 empresas líderes em seus setores, com bom histórico de lucros e que pagam dividendos. Exemplos: bancos grandes, empresas de energia, saneamento, telecomunicações.
  - **5% ETFs/BDRs**: Para começar a ter exposição a outros mercados ou a um índice amplo sem ter que escolher muitas ações. (Ex: BOVA11 para o Ibovespa, ou um BDR de uma empresa global que você admira).

  - *Filosofia*: Crescimento moderado com foco em segurança e renda passiva.

- **Perfil Agressivo (já com experiência em Renda Fixa):**

  40% Renda Fixa: Apenas a reserva de emergência e uma pequena parte para oportunidades de curto prazo.

  60% Renda Variável:

  - **20% FIIs**: Maior número de FIIs ou FIIs de maior risco/potencial.
  - **30% Ações**: Mais diversificação em ações, incluindo algumas empresas com maior potencial de crescimento (mesmo que não paguem muitos dividendos).
  - **10% Outros Ativos**: ETFs internacionais, fundos de investimento mais arrojados, ou até uma pequena porcentagem em **Bitcoin** (veremos no próximo capítulo), se o perfil e o prazo permitirem.

  Filosofia: Alto potencial de crescimento, aceitando maior volatilidade.

Passo a Passo para Começar a Montar Sua Carteira:

1. **Defina o percentual de Renda Fixa vs. Renda Variável**: Baseado no seu perfil e prazo.
2. **Escolha seus primeiros ativos**: Comece com poucos FIIs e poucas ações de empresas sólidas.

3. **Comece com Aportes Pequenos e Constantes**: Não espere ter muito dinheiro. Comece investindo um valor fixo todo mês, mesmo que pequeno. A **consistência é mais importante do que o valor inicial**.
4. **Reinvista os Dividendos/Rendimentos**: Os dividendos e aluguéis dos FIIs podem ser reinvestidos para comprar mais cotas/ações, acelerando o efeito dos juros compostos.
5. **Acompanhamento e Rebalanceamento**:

   Acompanhamento: Não precisa olhar o preço das ações todo dia. Uma vez por mês, ou a cada trimestre, veja como sua carteira está.

   Rebalanceamento: Se uma classe de ativos cresceu muito e desequilibrou sua proporção ideal (ex: ações foram para 40% e você queria 30%), venda um pouco e compre mais de outra classe. Ou, se uma ação que você tem não está mais de acordo com seus fundamentos, considere vendê-la.

Lembre-se: o objetivo não é acertar o *timing* perfeito, mas sim **tempo no mercado**. Quanto mais tempo seu dinheiro ficar investido, maior o potencial de crescimento.

6.7 Erros Comuns em Renda Variável

Investir em renda variável pode ser assustador no início. Conhecer os erros mais comuns pode te poupar muita dor de cabeça e dinheiro.

6.7.1 Efeito Manada e Decisões Emocionais

- **O Erro**: Comprar ações "porque todo mundo está comprando" (especialmente quando o preço já subiu muito) ou vender em pânico quando o mercado cai. Decisões baseadas em emoção (medo, ganância) em vez de lógica.
- **Como Evitar:**

  Tenha um Plano: Invista com base em seus objetivos e perfil de risco, não em "dicas quentes" ou notícias sensacionalistas.

  Estude o Ativo: Entenda o que você está comprando.

  Mantenha a Calma: Mercados oscilam. Isso é normal. Quedas podem ser oportunidades de compra para o longo prazo.

6.7.2 Falta de Paciência e Visão de Curto Prazo

- **O Erro**: Esperar retornos rápidos e ficar frustrado se as ações não subirem em semanas ou meses. Resgatar investimentos cedo demais por qualquer flutuação.
- **Como Evitar:**

Foco no Longo Prazo: Renda variável é para o longo prazo (5+ anos). É onde os juros compostos realmente fazem a diferença.

Paciência: O tempo é seu maior aliado. Resista à tentação de olhar a cotação todos os dias.

Aportes Constantes: Continue investindo regularmente, mesmo que o mercado esteja em baixa. Você estará comprando mais barato e, quando o mercado subir, seu retorno será maior.

6.7.3 Não Diversificar

- **O Erro**: Colocar todo o dinheiro em uma única ação ou em um único tipo de ativo. Isso aumenta exponencialmente o risco.
- **Como Evitar:**

Siga a Regra de Ouro: Diversifique entre diferentes classes de ativos, setores e até geografias (como vimos em 6.5).

6.7.4 Focar Apenas no Preço da Cota/Ação

- **O Erro**: Comprar uma ação ou FII apenas porque o preço está "barato" ou vendê-lo apenas porque o preço subiu, sem analisar os fundamentos do negócio.
- **Como Evitar:**

Análise Fundamentalista: Entenda a saúde e as perspectivas da empresa/fundo, não apenas o preço. Uma empresa pode estar "barata" por um bom motivo (problemas sérios no negócio).

6.7.5 Não Reinvestir os Ganhos

- **O Erro**: Gastar os dividendos e rendimentos, em vez de reinvesti-los.
- **Como Evitar:**

Poder dos Juros Compostos: Para acelerar o crescimento do seu patrimônio, reinvestir os proventos é fundamental. Eles compram mais cotas/ações, que geram mais proventos, e assim por diante.

Aprender com esses erros e evitá-los o colocará em uma posição muito mais vantajosa para ter sucesso nos investimentos.

6.8 Jornada de Crescimento Financeiro

Parabéns! Você acaba de mergulhar no coração da **construção de riqueza**. Ao entender o equilíbrio entre **risco e retorno**, ao explorar as **ações e FIIs**, e, crucialmente, ao abraçar o poder da **diversificação estratégica**, você acelerou sua jornada para a liberdade financeira de forma significativa.

Você não está apenas poupando dinheiro; você está fazendo seu dinheiro **trabalhar para você**, criando uma máquina de gerar riqueza que, com o tempo, pode se tornar sua principal fonte de renda. Lembre-se que investir é uma maratona, não um *sprint*. A consistência, a paciência e o aprendizado contínuo são seus maiores ativos aqui.

Com essa base sólida em investimentos tradicionais, estamos prontos para explorar uma fronteira mais moderna e intrigante do mundo financeiro: o **Bitcoin** e as **Criptomoedas**. No próximo capítulo, vamos entender o que são, seus riscos e oportunidades, e como abordá-los com inteligência e cautela em sua carteira de investimentos.

CAPÍTULO 7 — BITCOIN E CRIPTOMOEDAS

Você já dominou os investimentos tradicionais e compreendeu a importância da diversificação. Agora, é hora de olhar para o futuro e desmistificar uma das inovações financeiras mais disruptivas do século XXI: o **Bitcoin e o universo das criptomoedas**.

Para alguns, criptomoedas são sinônimo de risco extremo e especulação desenfreada. Para outros, representam o futuro do dinheiro e uma oportunidade de descentralização e empoderamento financeiro. A verdade, como sempre, está no meio.

Neste capítulo, vamos explorar o que são as criptomoedas, focar no Bitcoin como o "ouro digital", entender os riscos e as oportunidades, e aprender como investir de forma inteligente e cautelosa, integrando-as à sua estratégia de diversificação. Esteja preparado para expandir sua mente para uma nova fronteira financeira!

7.1 O Que São Criptomoedas?

As **criptomoedas** são moedas digitais e descentralizadas, criadas para funcionar como meio de troca usando criptografia para garantir a segurança das transações e para controlar a criação de novas unidades. Elas operam fora do controle de bancos centrais e governos, o que é um dos seus maiores atrativos e, para alguns, um ponto de preocupação.

7.1.1 Blockchain e Descentralização

A tecnologia por trás das criptomoedas é o **Blockchain** (cadeia de blocos).

- **Blockchain:** Imagine um livro-razão digital gigantesco e distribuído, onde todas as transações são registradas em "blocos" de dados. Uma vez que um bloco é adicionado à cadeia, ele não pode ser alterado, tornando o sistema extremamente seguro e transparente. Cada transação é criptografada e verificada por uma rede de computadores, não por uma autoridade central.
- **Descentralização:** Esta é a alma das criptomoedas. Não há um banco central, governo ou instituição que as controle. A rede é mantida por milhares de computadores espalhados pelo mundo, tornando-a resistente à censura, manipulação e falhas pontuais. Isso é o oposto do sistema financeiro tradicional, onde bancos e governos têm controle total sobre o dinheiro.

7.1.2 Casos de Uso e o Futuro das Criptos

Embora o Bitcoin seja a criptomoeda mais conhecida, o universo cripto vai muito além de moedas. A tecnologia blockchain e os ativos digitais estão sendo desenvolvidos para uma vasta gama de aplicações:

- **Meio de Pagamento:** Transferências internacionais rápidas e baratas, pagamentos P2P (pessoa para pessoa).

- **Contratos Inteligentes (Smart Contracts):** Programas autoexecutáveis na blockchain que automatizam acordos, sem a necessidade de intermediários (base do Ethereum).
- **Finanças Descentralizadas (DeFi):** Criação de sistemas financeiros (empréstimos, seguros, trocas) sem a necessidade de bancos.
- **NFTs (Non-Fungible Tokens):** Ativos digitais únicos que representam propriedade de itens virtuais (arte, música, colecionáveis).
- **Governança de Projetos:** Tokens que dão direito a voto em decisões de projetos descentralizados.
- **Logística e Cadeias de Suprimentos:** Rastreabilidade e transparência de produtos.
- **Metaverso:** Economias digitais dentro de ambientes virtuais.

O futuro das criptomoedas e da tecnologia blockchain é vasto e ainda está em seus estágios iniciais. Elas representam uma mudança de paradigma em como valor é transferido, contratos são feitos e dados são armazenados.

7.2 Bitcoin: Ouro Digital do Século XXI

O Bitcoin (BTC) foi a primeira criptomoeda criada por uma entidade anônima (ou grupo) conhecida como Satoshi Nakamoto em 2008-2009. Ele é o pai de todas as criptomoedas e, de longe, a mais capitalizada e reconhecida.

7.2.1 História e Propósito do Bitcoin

- **Criação:** Surgiu em resposta à crise financeira de 2008, com o objetivo de criar um sistema de dinheiro eletrônico *peer-to-peer* (direto entre as pessoas) que não dependesse de instituições financeiras.
- **Propósito:** Ser um dinheiro digital, escasso e descentralizado. Muitas vezes é chamado de "ouro digital" por suas características:

Escassez Digital: Há um limite máximo de 21 milhões de Bitcoins que podem ser criados. Isso o torna deflacionário, ao contrário das moedas fiduciárias (como o Real ou o Dólar), que podem ser impressas em quantidades ilimitadas pelos governos.

Descentralização: Não é controlado por nenhum governo ou banco central.

Resistência à Censura: As transações não podem ser bloqueadas por uma autoridade.

Portabilidade: Pode ser facilmente transferido para qualquer lugar do mundo com custos baixos e em tempo real.

Divisibilidade: Cada Bitcoin pode ser dividido em 100 milhões de "Satoshis" (a menor unidade), tornando-o acessível para pequenas transações.

7.2.2 Como o Bitcoin Ganha Valor

O valor do Bitcoin, assim como o ouro e outras commodities, é impulsionado principalmente pela **oferta limitada (escassez)** e pela **demanda**.

- **Escassez Programada:** A oferta máxima de 21 milhões de Bitcoins é uma regra de código. A cada aproximadamente 4 anos, a recompensa para os "mineradores" (que validam as transações) é cortada pela metade, um evento conhecido como "halving". Isso reduz a taxa de criação de novos Bitcoins, aumentando sua escassez.
- **Adoção Crescente:** A demanda por Bitcoin vem crescendo devido à sua adoção por instituições financeiras (fundos de investimento, ETFs), empresas que o aceitam como pagamento, e o reconhecimento crescente como uma reserva de valor global, especialmente em países com inflação alta ou instabilidade política.
- **O "Ouro Digital":** Em tempos de incerteza econômica e inflação de moedas fiduciárias, o Bitcoin é visto por muitos como um "porto seguro" e uma alternativa ao sistema financeiro tradicional.

No entanto, é crucial entender que o Bitcoin é um ativo **volátil**. Seu preço pode subir ou cair drasticamente em curtos períodos, o que o torna um investimento de alto risco e requer uma estratégia de longo prazo e cautela.

7.3 Riscos e Oportunidades em Cripto

Investir em Bitcoin e criptomoedas oferece um potencial de retorno significativo, mas vem acompanhado de riscos que não podem ser ignorados. Uma abordagem consciente e educada é fundamental.

7.3.1 Volatilidade e Riscos de Segurança

- **Volatilidade Extrema:** Os preços das criptomoedas podem flutuar drasticamente em curtos períodos (dias, semanas), com valorizações ou desvalorizações de 20%, 30% ou mais. Isso se deve à sua novidade, menor liquidez em comparação com mercados tradicionais e à influência de notícias e sentimentos de mercado. Você precisa ter estômago para essas oscilações.
- **Risco de Perda Permanente de Capital:** Diferente da renda fixa, você pode perder todo o seu dinheiro investido em criptomoedas.
- **Risco de Segurança (Hacks e Fraudes):** Embora a tecnologia blockchain seja segura, as plataformas (corretoras), as carteiras e os próprios usuários podem ser alvos de hacks, golpes de phishing, esquemas de pirâmide e fraudes. A responsabilidade pela segurança dos seus ativos digitais recai em grande parte sobre você.
- **Risco Regulatório:** O ambiente regulatório para criptomoedas ainda está em evolução em muitos países.

Mudanças nas leis podem impactar os preços e a viabilidade de certos projetos.

- **Risco de Tecnologia:** Embora o Bitcoin seja muito robusto, projetos menores (altcoins) podem ter falhas de segurança, bugs, ou não serem desenvolvidos como prometido.
- **Risco de Liquidez:** Algumas criptomoedas menores podem ter pouca liquidez, dificultando a venda em momentos de necessidade sem impactar o preço.

7.3.2 Potencial de Retorno e Inovação

Apesar dos riscos, as criptomoedas oferecem oportunidades únicas:

- **Potencial de Valorização Exponencial:** Historicamente, o Bitcoin e algumas outras criptomoedas apresentaram valorizações muito superiores a qualquer outro ativo tradicional. Isso se deve à sua escassez, inovação e crescente adoção.
- **Acesso a uma Tecnologia Inovadora:** Investir em criptomoedas é também investir na tecnologia blockchain, que tem o potencial de revolucionar diversos setores (finanças, logística, arte, etc.).
- **Descentralização e Liberdade Financeira:** Para aqueles que acreditam na liberdade e autonomia financeira, as criptomoedas oferecem uma alternativa ao sistema bancário tradicional, com mais controle sobre seus próprios ativos.

- **Hedge Contra a Inflação:** Para muitos investidores, o Bitcoin é visto como uma reserva de valor (similar ao ouro) que pode proteger o capital da inflação das moedas fiduciárias.

Conclusão: Criptomoedas não são para todos. Elas são para investidores com alta tolerância a risco, que entendem os fundamentos da tecnologia e que têm uma visão de longo prazo. Nunca invista dinheiro que você não pode perder.

7.4 Como Investir em Criptomoedas

Se você decidiu que o Bitcoin e as criptomoedas se encaixam em seu perfil de investidor e seus objetivos de longo prazo, aqui está um guia passo a passo para começar de forma segura:

7.4.1 Escolhendo Uma Corretora (Exchange)

Uma **corretora de criptomoedas (exchange)** é a plataforma onde você compra, vende e armazena suas criptomoedas. A escolha da corretora é crucial para sua segurança e experiência.

- **Reputação e Segurança:** Pesquise sobre a reputação da corretora. Ela já sofreu hacks? Qual a política de segurança? Veja avaliações online.
- **Taxas:** Compare as taxas de compra, venda e saque. Elas variam bastante entre as plataformas.
- **Liquidez:** A corretora tem um bom volume de negociação? Isso garante que você conseguirá comprar e vender suas criptos facilmente.

- **Variedade de Criptomoedas:** Se você planeja investir em outras criptos além do Bitcoin, verifique se a corretora as oferece.
- **Facilidade de Uso:** A interface é intuitiva para iniciantes?
- **Suporte ao Cliente:** Em caso de problemas, o suporte é eficiente?

Exemplos de corretoras populares no Brasil e no mundo:

- **Nacionais:** Mercado Bitcoin, Foxbit, Binance (com operação local), Coinext, NovaDax.
- **Internacionais (com interface em português):** Binance, Coinbase, Kraken, OKX.

Cuidado: Evite corretoras desconhecidas ou que prometem retornos garantidos e muito acima do mercado. São frequentemente golpes.

7.4.2 Segurança: Wallets e 2FA

A segurança dos seus ativos digitais é sua responsabilidade principal.

- **Autenticação de Dois Fatores (2FA):** Ative 2FA em **todas** as suas contas de corretora, e-mail e qualquer outro serviço relacionado. Use aplicativos como Google Authenticator ou Authy, e **NUNCA** SMS (é menos seguro).
- **Senhas Fortes e Únicas:** Use senhas complexas e únicas para cada serviço. Use um gerenciador de senhas.

- **"Wallets" (Carteiras de Criptomoedas):** Para valores maiores e para longo prazo, o ideal é não deixar suas criptos nas corretoras. Transfira-as para uma carteira pessoal (wallet).

  Hot Wallets (Online/Software): São aplicativos no celular ou computador. Mais convenientes, mas mais vulneráveis a hacks. Ex: Metamask, Trust Wallet.

  Cold Wallets (Hardware Wallets): Dispositivos físicos (parecem um pen drive) que armazenam suas chaves privadas offline. São a opção mais segura para grandes quantidades. Ex: Ledger, Trezor.

  Seed Phrase/Chave Privada: Ao criar uma wallet, você receberá uma "seed phrase" (sequência de palavras). **Guarde-a em um local seguro e offline, nunca digital!** Quem tiver essa frase tem acesso aos seus fundos.

- **Cuidado com Phishing e Golpes:** Verifique sempre o endereço do site, e-mails e links antes de clicar. Golpistas tentam roubar suas informações.

7.4.3 Primeiros Passos na Compra

1. **Crie sua conta na corretora e verifique sua identidade.**
2. **Deposite dinheiro:** Transfira Reais (BRL) via Pix, TED ou DOC para a conta da corretora.

3. **Faça sua primeira compra:** Vá na seção de "Comprar Cripto" ou "Negociar", escolha Bitcoin (BTC) ou outra cripto desejada, e defina o valor em Reais que quer investir.
4. **Armazenamento (opcional, mas recomendado):** Se for um valor significativo e para longo prazo, transfira seus Bitcoins da corretora para uma hardware wallet.

Comece com um valor pequeno para se familiarizar com o processo. A prática e a educação são seus melhores amigos nesse novo universo.

7.5 Conhecendo as Altcoins

O universo cripto é vasto e vai muito além do Bitcoin. As criptomoedas que não são Bitcoin são chamadas de "Altcoins" (alternative coins). Algumas delas têm propósitos e tecnologias diferentes.

Para exemplificar, vamos falar de duas altcoins:

7.5.1 Ethereum: Contratos Inteligentes

- **Ethereum (ETH):** É a segunda maior criptomoeda em capitalização de mercado. Mas Ethereum é muito mais do que uma moeda; é uma plataforma de blockchain que permite a criação de **contratos inteligentes (smart contracts)** e aplicativos descentralizados (dApps).

Contratos Inteligentes: São códigos autoexecutáveis que automatizam acordos. Por exemplo, um contrato inteligente pode liberar um pagamento automaticamente quando certas condições são cumpridas (ex: quando um produto é entregue). Isso elimina a necessidade de intermediários.

Ecossistema: O Ethereum é a base de grande parte do ecossistema DeFi (Finanças Descentralizadas) e NFTs. Investir em ETH é investir na infraestrutura da internet descentralizada.

7.5.2 Solana: Alta Velocidade e Eficiência

- Após o Ethereum, a **Solana (SOL)** emergiu como uma das blockchains de maior destaque, principalmente pela sua **velocidade impressionante e custos de transação extremamente baixos**. Enquanto o Ethereum inovou com contratos inteligentes, a Solana foi construída desde o início para resolver os desafios de escalabilidade, processando milhares de transações por segundo – algo fundamental para aplicações descentralizadas (dApps), jogos e tokens não fungíveis (NFTs) que exigem alta performance.
- *2)* Sua arquitetura inovadora, que inclui um mecanismo de consenso chamado Proof of History (Prova de Histórico), permite essa eficiência sem comprometer a segurança, tornando-a uma plataforma atraente para desenvolvedores e usuários que buscam uma alternativa rápida e acessível.

- Investir em Solana, assim como em outras altcoins, requer uma compreensão clara de seu propósito tecnológico e do potencial de seu ecossistema, sempre com cautela e em linha com seu perfil de risco.

7.5.3 Stablecoins e DeFi

- **Stablecoins:** São criptomoedas cujo valor é atrelado a um ativo estável, como uma moeda fiduciária (ex: Dólar Americano) ou commodities (ouro).

  Exemplos: USDT (Tether), USDC (USD Coin), BUSD (Binance USD).

  Propósito: Oferecem estabilidade em um mercado volátil, sendo úteis para negociação, para proteger lucros em momentos de queda ou para enviar dinheiro sem as taxas e burocracias de bancos.

- **DeFi (Finanças Descentralizadas):** É um ecossistema de aplicativos financeiros construídos em blockchains (principalmente Ethereum), que oferecem serviços como empréstimos, trocas de cripto, seguros, e rendimentos, tudo sem a necessidade de bancos ou intermediários tradicionais.

  Potencial: Permite que qualquer pessoa com acesso à internet acesse serviços financeiros, mas os riscos (contratos inteligentes com bugs, hacks, perdas por volatilidade) são altos.

Para iniciantes: DeFi é um campo complexo e arriscado. É recomendável estudá-lo profundamente antes de qualquer investimento.

Existem milhares de outras altcoins, cada uma com seu propósito, tecnologia e nível de risco. **Atenção:** a grande maioria das altcoins tem um risco muito maior do que o Bitcoin e Ethereum. Para iniciantes, o foco deve ser nas criptos mais estabelecidas e com maior capitalização de mercado.

7.6 Bitcoin na Carteira de Investimentos

Apesar do potencial, é crucial integrar o Bitcoin e criptomoedas na sua carteira de investimentos de forma **inteligente e cautelosa**, devido à sua alta volatilidade e riscos.

7.6.1 % do Patrimônio para Criptos

- **Não coloque todos os seus ovos na cesta cripto.** Para a maioria dos investidores, uma alocação de **1% a 5% (no máximo 10% para os mais arrojados)** do seu patrimônio total em criptomoedas é uma estratégia prudente.
- **Motivo:** Se o mercado cripto cair drasticamente, essa pequena porcentagem não comprometerá todo o seu patrimônio. Se subir, mesmo uma pequena porcentagem pode gerar retornos significativos.

- **Lembre-se da Diversificação:** Criptomoedas são um tipo de ativo. Sua carteira deve continuar diversificada em renda fixa, ações, FIIs e talvez ativos internacionais.

7.6.2 Visão de Longo Prazo e Não Especulação

- **A mentalidade do "Hodler":** "HODL" é um termo popular no mercado cripto que significa "Hold On for Dear Life" (segurar para valer a pena). Implica uma estratégia de **manter o investimento no longo prazo**, ignorando as flutuações de curto prazo.
- **Evite Especulação Diária (Day Trade):** Tentar adivinhar a direção do preço no curto prazo é extremamente arriscado e, para a maioria das pessoas, leva a perdas. Para o investidor comum, o foco deve ser na tese de longo prazo do Bitcoin como uma reserva de valor e tecnologia disruptiva.
- **Aportes Mensais (DCA - Dollar-Cost Averaging):** Em vez de tentar "acertar o fundo", invista um valor fixo em Bitcoin todo mês, independentemente do preço. Isso suaviza o preço médio de compra ao longo do tempo e reduz o risco da volatilidade.

O Bitcoin pode ser uma ferramenta poderosa para o crescimento de patrimônio, mas deve ser abordado com **disciplina, educação e uma visão de longo prazo**.

7.7 Mitos e Verdades Sobre Criptomoedas

O mercado de criptomoedas é cercado por muitos mitos e desinformação. É vital separar o joio do trigo.

7.7.1 Bitcoin é Bolha?

- **Mito:** Muitos críticos chamam o Bitcoin de bolha, comparando-o à bolha .com ou à bolha das tulipas.
- **Verdade:** O Bitcoin teve ciclos de alta e baixa com correções de mais de 80%, mas sempre se recuperou e atingiu novas máximas. Diferente de uma bolha sem fundamentos, o Bitcoin tem uma **tecnologia disruptiva (blockchain), escassez programada e uma rede crescente de adoção**. Embora possa haver bolhas em altcoins específicas ou em períodos de euforia, o Bitcoin tem fundamentos mais sólidos. A volatilidade é real, mas não significa que seja uma bolha prestes a estourar para sempre.

7.7.2 Bitcoin: Legalidade e Usos

- **Mito:** Uma narrativa comum é que o Bitcoin é usado principalmente por criminosos.
- **Verdade:** Embora tenha sido usado no passado para atividades ilícitas (assim como o dinheiro em espécie e o sistema bancário tradicional), o uso de Bitcoin para fins legais é massivamente maior. Transações em blockchain são **transparentes e rastreáveis**, o que muitas vezes facilita a investigação de crimes. Governos, instituições e empresas

legítimas estão cada vez mais adotando o Bitcoin. O anonimato é uma ilusão; é pseudo-anonimato.

7.7.3 Criptomoedas: Para Todos?

- **Mito:** Você precisa ser um gênio da tecnologia para entender ou investir em criptomoedas.
- **Verdade:** Embora a tecnologia por trás seja complexa, investir em criptomoedas tornou-se muito mais acessível com corretoras intuitivas e recursos educacionais. Não é necessário entender cada linha de código para começar, assim como você não precisa entender o motor de um carro para dirigi-lo. O básico de segurança e os fundamentos do Bitcoin são suficientes para iniciar.

7.7.4 É Tarde Demais Para Investir em Bitcoin?

- **Mito:** O preço já subiu muito, então é tarde demais para ter grandes retornos.
- **Verdade:** O Bitcoin ainda está em sua fase inicial de adoção global. Comparado a ativos tradicionais como ouro ou moedas fiduciárias, sua capitalização de mercado ainda é relativamente pequena. O potencial de crescimento a longo prazo (décadas) ainda é significativo, especialmente com a digitalização crescente da economia. Não é tarde para começar, mas a mentalidade de longo prazo é crucial.

Desvendar esses mitos te ajuda a tomar decisões mais informadas e a evitar o sensacionalismo que muitas vezes rodeia o mercado cripto.

7.8 Uso Consciente e Estratégico

Você acaba de desbravar o fascinante e complexo mundo do Bitcoin e das criptomoedas. Compreendeu seus fundamentos, seus riscos e seu imenso potencial. É uma fronteira financeira que exige respeito, estudo e, acima de tudo, **cautela e estratégia**.

Lembre-se: o Bitcoin não substitui a necessidade de uma mentalidade financeira sólida, de uma reserva de emergência e de uma carteira diversificada em ativos tradicionais. Ele é um **complemento** para uma carteira bem estruturada, uma aposta de longo prazo em uma tecnologia inovadora que pode moldar o futuro financeiro.

Use essa ferramenta poderosa com **consciência e inteligência**. Comece pequeno, estude continuamente e mantenha a visão de longo prazo. A jornada para a liberdade financeira agora ganha uma dimensão tecnológica e futurista.

Com sua base de investimentos cada vez mais robusta, é hora de pensar em como **proteger** todas as suas conquistas e planejar um futuro tranquilo para você e sua família. No próximo capítulo, vamos mergulhar no **planejamento para o futuro e proteção do patrimônio**, abordando seguros, previdência privada e planejamento sucessório. Sua riqueza não é apenas sobre acumular, mas também sobre preservar e garantir.

CAPÍTULO 8 — BLINDANDO SUAS CONQUISTAS

Você está construindo um patrimônio, multiplicando sua renda e investindo com inteligência. É um caminho de sucesso. Mas, tão importante quanto acumular riqueza, é **proteger o que você conquistou e quem você ama**. A vida é cheia de imprevistos, e um planejamento sólido para o futuro e a proteção do seu patrimônio são essenciais para garantir que seus sonhos não sejam interrompidos por eventos inesperados.

Este capítulo é sobre como construir um escudo financeiro. Vamos abordar seguros (vida, saúde, bens), previdência privada para uma aposentadoria digna e o planejamento sucessório (testamento), garantindo que seu legado seja preservado e que sua família esteja sempre segura. Pense nisso como a blindagem da sua casa financeira, para que ela resista a qualquer tempestade.

8.1 Proteja Seus Familiares e Conquistas

Imagine que você passou anos construindo sua casa dos sonhos, tijolo por tijolo. Agora, imagine não instalar um telhado, ou não ter um seguro contra incêndio. Parece insano, certo? No entanto, muitas pessoas dedicam anos acumulando riqueza sem se preocupar em protegê-la adequadamente.

8.1.1 O Que Significa "Proteger o Patrimônio"

Proteger o patrimônio significa implementar estratégias e ferramentas que visam:

- **Preservar o Capital:** Evitar perdas significativas devido a eventos inesperados, crises, impostos excessivos ou decisões ruins.
- **Garantir a Continuidade:** Assegurar que, mesmo na sua ausência ou em caso de incapacidade, seu plano financeiro continue a funcionar e a prover para sua família.
- **Reduzir Riscos:** Minimizar a exposição a eventos que possam comprometer sua estabilidade financeira.
- **Otimizar a Sucessão:** Planejar a transmissão de bens de forma eficiente, evitando burocracias, conflitos familiares e custos excessivos.

Não se trata apenas de ter dinheiro, mas de ter **segurança e previsibilidade** sobre ele.

8.1.2 Riscos Inesperados e Como Mitigá-los

A vida é incerta. Alguns riscos que podem impactar seu patrimônio e sua família incluem:

- **Doenças Graves ou Acidentes:** Podem gerar despesas médicas altíssimas, incapacidade temporária ou permanente de trabalhar.

  Mitigação: Planos de saúde adequados, seguros de vida/invalidez, reserva de emergência robusta.

- **Morte Inesperada:** Deixa a família desamparada financeiramente, sem a renda do provedor.

  Mitigação: Seguro de vida, planejamento sucessório.

- **Perda de Emprego/Queda na Renda:** Afeta a capacidade de pagar contas e manter o padrão de vida.

  Mitigação: Reserva de emergência, fontes de renda extra/passiva.

- **Acidentes com Bens (Carro, Casa):** Danos que exigem reparos caros.

  Mitigação: Seguros de carro, seguro residencial.

- **Processos Legais/Dívidas Inesperadas:** Podem comprometer seu patrimônio.

  Mitigação: Proteção de bens (ex: holding familiar), evitar dívidas desnecessárias.

- **Inflação:** Corrói o poder de compra do dinheiro ao longo do tempo.

  Mitigação: Investimentos que protegem contra a inflação (Tesouro IPCA+, ações, imóveis).

O planejamento e a proteção do patrimônio são atos de amor e responsabilidade. É garantir que, aconteça o que acontecer, sua jornada para a liberdade financeira não será em vão e que aqueles que você ama estarão seguros.

8.2 Seguros: Aliados Essenciais

Os seguros são contratos que transferem o risco de um evento inesperado (e financeiramente custoso) de você para uma seguradora, em troca do pagamento de um prêmio (o valor do seguro). Eles são a sua rede de segurança.

8.2.1 Tipos Essenciais de Seguros

1. **Seguro de Vida:**

    Propósito: Proteger financeiramente sua família em caso de sua morte. Garante que, mesmo na sua ausência, seus dependentes terão recursos para manter o padrão de vida, pagar dívidas, custear a educação dos filhos, etc.

    Coberturas Comuns: Morte natural, morte acidental, invalidez permanente total ou parcial por acidente ou doença.

    Para quem é: Essencial para quem tem dependentes financeiros (filhos, cônjuge, pais idosos) ou dívidas em seu nome.

Como escolher: Avalie o capital segurado necessário (quanto sua família precisaria para viver por X anos), os tipos de cobertura e as condições da apólice.

2. **Seguro Saúde (Plano de Saúde):**

   Propósito: Garantir acesso a serviços médicos, hospitalares e laboratoriais de qualidade, sem comprometer suas finanças em caso de doenças ou acidentes.

   Importância: Os custos de saúde no Brasil (e no mundo) podem ser exorbitantes. Um plano de saúde adequado é um dos melhores investimentos em sua tranquilidade.

   Como escolher: Considere a rede credenciada, abrangência (nacional, regional), tipos de acomodação (enfermaria, apartamento), coparticipação e carências.

3. **Seguro Automóvel:**

   Propósito: Proteger seu veículo contra roubo, furto, colisão, incêndio, e danos a terceiros (responsabilidade civil).

   Para quem é: Essencial para quem depende do carro para trabalho ou mobilidade, e para proteger um ativo de alto valor.

Como escolher: Avalie as coberturas (compreensiva, roubo/furto, terceiros), valor da franquia (quanto você paga em caso de sinistro), e os serviços adicionais (guincho, carro reserva).

4. **Seguro Residencial:**

Propósito: Proteger sua casa (imóvel e conteúdo) contra incêndio, roubo, danos elétricos, vendaval, etc.

Importância: Mesmo quem não tem casa própria (inquilinos) pode fazer um seguro para os bens que estão dentro da casa. É um seguro de baixo custo com grande proteção.

Coberturas comuns: Incêndio, raio, explosão, roubo, furto, danos elétricos, vendaval, impacto de veículos, responsabilidade civil familiar. Muitos oferecem serviços de assistência (chaveiro, encanador, eletricista).

8.2.2 Como Escolher o Seguro Certo

- **Analise Suas Necessidades e Riscos:** O que você precisa proteger? Quem depende de você? Quais são os riscos aos quais você está mais exposto?
- **Compare Cotações:** Não feche com a primeira seguradora. Pesquise e compare preços e coberturas de diversas empresas.

- **Leia a Apólice com Atenção:** Entenda as coberturas, exclusões, franquias e condições. Tire todas as suas dúvidas com o corretor.
- **Corretor de Seguros Confiável:** Conte com um corretor experiente. Ele pode te ajudar a encontrar as melhores opções, negociar e auxiliar em caso de sinistro.
- **Não Superestime ou Subestime:** Não contrate seguros desnecessários, mas também não deixe de se proteger contra riscos que podem comprometer seu patrimônio ou sua família.

- **Revisão Periódica:** Suas necessidades mudam. Revise seus **Revisão Periódica:** Suas necessidades mudam ao longo da vida.

  Eventos de Vida: Casamento, nascimento de filhos, compra de um imóvel, mudança de emprego, aumento de renda – todos esses eventos devem acionar uma revisão dos seus seguros.

  Mercado: As seguradoras e os produtos estão em constante evolução. Revisar anualmente com seu corretor pode revelar novas e melhores opções de cobertura ou até mesmo a possibilidade de reduzir custos mantendo a mesma proteção.

Garantir que você esteja adequadamente segurado é uma parte vital do planejamento financeiro, oferecendo a paz de espírito para que você se concentre na construção e crescimento do seu patrimônio.

8.3 Previdência Privada e Aposentadoria

A aposentadoria é um dos maiores desafios financeiros da vida moderna. Com as incertezas em relação à Previdência Social (INSS) e o aumento da longevidade, depender apenas dela para manter seu padrão de vida no futuro é um risco. A **Previdência Privada** surge como uma ferramenta poderosa e flexível para complementar sua renda na aposentadoria, permitindo que você construa um futuro tranquilo e sem preocupações financeiras.

8.3.1 Previdência Pública e Privada

É fundamental entender as distinções entre esses dois pilares para tomar decisões informadas.

- **Previdência Pública (INSS):**

  Natureza: Regime de repartição simples. O dinheiro que você contribui hoje serve para pagar os aposentados de hoje. Quando você se aposentar, suas contribuições serão pagas pelas gerações futuras.

  Compulsoriedade: Contribuição obrigatória para trabalhadores formais.

Benefícios: Limitados pelo teto da Previdência (que geralmente é muito abaixo do padrão de vida desejado pela maioria das pessoas).

Flexibilidade: Pouca ou nenhuma flexibilidade em relação ao valor das contribuições e à data de aposentadoria. As regras mudam frequentemente, geralmente para endurecer as condições.

Herança: O direito ao benefício (pensão por morte) é limitado e pode ser complexo.

Desvantagens: Volatilidade política, baixa rentabilidade para o contribuinte, risco de sustentabilidade a longo prazo devido ao envelhecimento da população e menor número de contribuintes.

- **Previdência Privada:**

Natureza: Regime de capitalização. O dinheiro que você contribui é seu, investido em fundos exclusivos, e acumula rentabilidade ao longo do tempo. É um contrato entre você e uma instituição financeira.

Compulsoriedade: Contribuição voluntária. Você decide quanto e quando quer contribuir.

Benefícios: Não há teto. Seu benefício será proporcional ao valor que você acumulou e à rentabilidade dos investimentos.

Flexibilidade: Total flexibilidade. Você pode definir o valor da contribuição, fazer aportes extras, resgatar antecipadamente (com impostos), escolher a forma de recebimento (renda mensal, resgate total) e até mesmo mudar de plano ou instituição.

Herança: O valor acumulado pode ser transferido aos beneficiários de forma mais rápida e com menos burocracia do que um inventário tradicional, e muitas vezes com vantagens tributárias.

Vantagens: Autonomia no planejamento, potencial de rentabilidade superior, benefícios fiscais (dependendo do plano), sucessão facilitada.

8.3.2 PGBL vs. VGBL: Qual o Ideal Para Você?

A escolha entre PGBL (Plano Gerador de Benefício Livre) e VGBL (Vida Gerador de Benefício Livre) é uma das decisões mais importantes na contratação de previdência privada, pois impacta diretamente a sua tributação.

- **PGBL (Plano Gerador de Benefício Livre):**

Benefício Fiscal: Permite deduzir as contribuições da base de cálculo do Imposto de Renda (IR) em até 12% da sua renda bruta anual, se você faz a **Declaração Completa do IR**. Isso significa que você paga menos imposto agora, mas adia o imposto para o futuro.

Tributação no Resgate/Recebimento: O Imposto de Renda incide sobre o **valor total** (contribuições + rendimentos) no momento do resgate ou do recebimento do benefício.

Para Quem É Indicado: Para quem faz a Declaração Completa do Imposto de Renda e contribui para a Previdência Social ou tem outras deduções. O benefício fiscal imediato é muito vantajoso.

- **VGBL (Vida Gerador de Benefício Livre):**

Benefício Fiscal: Não permite deduzir as contribuições da base de cálculo do IR.

Tributação no Resgate/Recebimento: O Imposto de Renda incide apenas sobre os **rendimentos** (o que seu dinheiro rendeu), e não sobre o valor total.

Para Quem É Indicado: Para quem faz a Declaração Simplificada do Imposto de Renda, para quem é isento de IR, ou para quem já atingiu o limite de 12% de dedução no

PGBL. Também é muito procurado para fins de planejamento sucessório, pois o valor acumulado não entra no inventário e é repassado aos beneficiários de forma mais rápida e com menos impostos em alguns casos.

A escolha errada pode custar caro em termos de impostos. Consulte um especialista para te ajudar a definir qual o mais adequado para o seu perfil tributário atual e projetado.

8.3.3 Como Escolher Um Plano de Previdência

A escolha da previdência privada vai além do PGBL/VGBL. Envolve a análise da instituição, dos fundos de investimento e das taxas.

- **Instituição Financeira (Seguradora/Banco):** Escolha uma instituição sólida, com boa reputação e experiência no mercado de previdência. Pesquise sua classificação de risco e histórico.
- **Fundos de Investimento:** A previdência privada é, na verdade, um "container" para fundos de investimento. Você escolhe onde seu dinheiro será alocado.

    Perfil de Investidor: Assim como em outros investimentos, a previdência oferece fundos com diferentes níveis de risco (conservador, moderado, agressivo). Fundos de renda fixa, multimercado ou ações.

A escolha deve ser alinhada ao seu perfil e ao prazo até a aposentadoria. No longo prazo, fundos com maior exposição a renda variável tendem a ter maior potencial de rentabilidade.

Rentabilidade Histórica: Analise o desempenho passado dos fundos, mas lembre-se que rentabilidade passada não garante rentabilidade futura.

- **Taxas:** As taxas podem corroer uma parte significativa da sua rentabilidade ao longo dos anos.

  Taxa de Administração: Percentual cobrado anualmente sobre o valor total aplicado no fundo. Priorize fundos com taxas baixas.

  Taxa de Carregamento: Cobrada sobre cada aporte ou resgate. Opte por planos que não cobrem essa taxa, pois ela diminui o valor que efetivamente será investido.

  Taxa de Saída (ou de Resgate): Cobrada se você resgatar o dinheiro antes de um determinado período. Escolha planos sem essa taxa.

- **Regime de Tributação (Progressivo ou Regressivo):** Esta é outra escolha crucial e, uma vez feita, não pode ser alterada após a contratação.

Tabela Progressiva (Compensável): As alíquotas aumentam conforme o valor da renda. No resgate, a alíquota é de 15% na fonte, e o valor é somado aos demais rendimentos tributáveis na Declaração Anual de IR, podendo chegar a 27,5%. Na aposentadoria, a alíquota é conforme a tabela de IR. Indicada para quem planeja resgates em valores baixos ou para quem hoje tem renda baixa e espera ter renda mais alta na aposentadoria.

Tabela Regressiva (Definitiva): A alíquota diminui conforme o tempo de aplicação.

- Até 2 anos: 35%
- De 2 a 4 anos: 30%
- De 4 a 6 anos: 25%
- De 6 a 8 anos: 20%
- De 8 a 10 anos: 15%
- **Acima de 10 anos: 10%** Indicada para quem tem um horizonte de investimento de longo prazo (mais de 10 anos), pois a alíquota de 10% é a menor possível para investimentos no Brasil.

O planejamento da aposentadoria através da previdência privada é uma decisão de longo prazo que exige paciência e consistência. Começar cedo permite que o poder dos juros compostos trabalhe a seu favor de forma exponencial.

8.4 Testamento e Planejamento Sucessório

Falar sobre sucessão e morte é, para muitos, um tabu. No entanto, o planejamento sucessório é uma das maiores demonstrações de amor e responsabilidade para com sua família. É a forma mais inteligente de garantir que seu patrimônio seja distribuído de acordo com sua vontade, com menos burocracia, custos e conflitos para seus herdeiros.

8.4.1 Por Que É Importante Planejar a Sucessão

Sem um planejamento adequado, o processo de inventário pode ser um verdadeiro pesadelo para seus entes queridos.

- **Evitar Conflitos Familiares:** A ausência de um plano claro pode levar a disputas longas e dolorosas entre herdeiros, muitas vezes destruindo relações familiares. O testamento, por exemplo, deixa sua vontade explícita e evita interpretações.
- **Reduzir Custos:** Os custos de um inventário judicial no Brasil são altíssimos, incluindo impostos (ITCMD – Imposto sobre Transmissão Causa Mortis e Doação, que varia por estado), taxas judiciais e honorários advocatícios. Sem planejamento, esses custos podem consumir uma parcela considerável do patrimônio, forçando os herdeiros a vender bens para cobrir as despesas. O planejamento sucessório pode otimizar essa carga tributária e burocrática.
- **Agilidade na Transmissão:** O processo de inventário pode se arrastar por anos, bloqueando o acesso dos herdeiros aos

bens e recursos. Instrumentos de planejamento sucessório podem acelerar drasticamente essa transmissão.

- **Cumprir Sua Vontade:** Ninguém melhor do que você sabe como gostaria que seus bens fossem divididos e quem você gostaria de beneficiar. Sem planejamento, a lei seguirá regras gerais que podem não refletir seus desejos mais profundos.
- **Proteger Bens e Herdeiros Específicos:** Você pode querer garantir um bem específico para um filho, ou proteger um herdeiro com alguma condição especial. O planejamento permite essa personalização.

8.4.2 Instrumentos de Planejamento Sucessório

Existem diversas ferramentas que podem ser utilizadas, e a escolha ideal dependerá do volume e tipo de patrimônio, da estrutura familiar e dos objetivos específicos.

- **Testamento:** É o instrumento mais conhecido. Por ele, você declara sua última vontade sobre a destinação dos seus bens após a morte.

  Flexibilidade: Permite revogar ou alterar quantas vezes quiser, enquanto em vida.

  Limitação: No Brasil, a lei garante que pelo menos 50% do seu patrimônio (a "legítima") seja destinado aos herdeiros necessários (descendentes, ascendentes e cônjuge). Você pode dispor livremente apenas da outra metade.

Tipos Comuns:

- **Público:** Feito em Cartório de Notas, com tabelião e duas testemunhas. É o mais seguro e menos contestável.
- **Cerrado:** Escrito pelo testador ou por outra pessoa a seu pedido, assinado, aprovado por tabelião e lacrado. O conteúdo só é revelado após a morte.
- **Particular:** Escrito e assinado pelo testador, com três testemunhas. Requer confirmação em juízo.

Importância: Mesmo que você tenha poucos bens, o testamento pode evitar dores de cabeça e deixar claro quem cuidará dos seus filhos menores ou de bens específicos.

- **Doação em Vida:** Transferência de bens (imóveis, dinheiro, investimentos) em vida para os herdeiros.

  Vantagens: O doador pode estabelecer cláusulas, como a reversão (o bem volta para ele se o donatário morrer antes), incomunicabilidade (o bem não se comunica com o cônjuge do herdeiro em caso de divórcio), impenhorabilidade (o bem não pode ser penhorado por dívidas do herdeiro) ou inalienabilidade (o bem não pode ser vendido).

Custo: Incide o ITCMD no momento da doação, mas, dependendo do estado, pode ser vantajoso em relação ao inventário.

Atenção: As doações devem respeitar a "legítima" dos herdeiros necessários. Doar em excesso pode levar à anulação da parte que excede a metade disponível.

Reserva de Usufruto: O doador pode doar o imóvel, mas manter o usufruto (o direito de morar ou receber aluguéis) até a morte. Isso garante a posse ou renda em vida, enquanto o bem já foi transferido.

- **Holding Familiar:** Criação de uma empresa (holding) para administrar o patrimônio da família. Os bens são integralizados no capital social da holding, e os herdeiros recebem cotas ou ações da empresa.

  Vantagens:

  - **Redução de Custos e Burocracia:** A transmissão de bens na holding é mais simples e barata do que um inventário tradicional, pois se transfere cotas, não os bens individualmente.

- **Proteção Patrimonial:** Os bens da holding podem ficar mais protegidos de credores pessoais dos herdeiros ou de conflitos futuros.
- **Centralização da Gestão:** Facilita a administração do patrimônio familiar, especialmente para imóveis de aluguel ou participação em empresas.
- **Privacidade:** Menos publicidade sobre a divisão do patrimônio.

Desvantagens: Custos iniciais de constituição e manutenção da empresa, complexidade para patrimônios muito pequenos.

Para Quem É Indicado: Famílias com patrimônio mais complexo, vários imóveis, participações em empresas ou que buscam uma gestão profissional do patrimônio.

- **Previdência Privada e Seguros de Vida (Revisitados como Instrumentos Sucessórios):** Conforme mencionado anteriormente, a previdência privada (VGBL) e o seguro de vida têm uma grande vantagem sucessória:

  Sem Inventário: Os valores não entram no inventário, sendo pagos diretamente aos beneficiários indicados, com agilidade e menos burocracia.

Tributação Diferenciada: A tributação é mais favorável ou inexistente em comparação com o ITCMD em alguns casos, dependendo do estado e do tipo de plano.

O planejamento sucessório é complexo e deve ser feito com o auxílio de advogados especializados em direito sucessório e tributário, além de um bom planejador financeiro. É um investimento que trará paz de espírito para você e seus entes queridos no futuro.

8.5 Educação Financeira Contínua

O mundo financeiro não é estático. Ele está em constante movimento, com novas tecnologias, produtos, regras e crises. A educação financeira não é um curso que se faz uma vez na vida, mas sim um hábito contínuo. Da mesma forma, seu planejamento financeiro não é um documento fixo, mas um organismo vivo que precisa ser nutrido e ajustado.

8.5.1 O Mundo Financeiro em Mudança

- **Inovação e Novas Oportunidades:** Criptomoedas, novas plataformas de investimento, fintechs, métodos de pagamento – o cenário financeiro evolui rapidamente. Manter-se atualizado permite que você identifique novas oportunidades de rentabilizar seu dinheiro ou otimizar seus custos.
- **Mudanças Econômicas e Legais:** Taxas de juros, inflação, reformas tributárias, novas regulamentações – tudo isso afeta seus investimentos, seu poder de compra e seu planejamento.

Estar ciente dessas mudanças ajuda a tomar decisões mais assertivas.

- **Novos Riscos e Desafios:** Crises econômicas, pandemias, instabilidade geopolítica – eventos inesperados podem surgir. Uma educação financeira contínua prepara você para reagir com inteligência, minimizando perdas e até transformando desafios em oportunidades.

8.5.2 Quando e Como Revisar Seu Plano

A revisão periódica do seu planejamento financeiro é tão importante quanto a sua criação.

- **Anualmente (Revisão Abrangente):** Pelo menos uma vez ao ano, preferencialmente após a declaração do Imposto de Renda ou no início de um novo ano fiscal. Nesta revisão, você deve:

  Analisar seu Orçamento: Ele ainda está alinhado com sua realidade de receitas e despesas? Há gastos que podem ser otimizados?

  Rever a Reserva de Emergência: O valor ainda é adequado para seus gastos mensais? Sua situação de emprego mudou?

  Acompanhar Metas: Suas metas de curto, médio e longo prazo foram alcançadas? Elas ainda são relevantes? Há novas metas?

Avaliar Investimentos: Seus investimentos estão rendendo o esperado? Eles ainda estão alinhados ao seu perfil de risco e aos seus objetivos? Sua diversificação ainda faz sentido?

Verificar Dívidas: Há alguma dívida que precisa ser renegociada ou quitada com prioridade?

Revisar Seguros e Previdência: Suas coberturas ainda são adequadas? As taxas estão competitivas? Há novas necessidades?

- **Em Grandes Eventos de Vida (Revisão Pontual):** Qualquer mudança significativa em sua vida demanda uma revisão imediata:

Casamento/União Estável: Finanças do casal, objetivos em comum.

Nascimento de Filhos: Aumento de despesas, necessidade de seguro de vida e plano de saúde para os filhos, planejamento da educação.

Mudança de Emprego/Renda: Ajuste do orçamento, potencial de aumento ou diminuição de investimentos.

Compra de Imóvel/Bem Grande: Impacto no orçamento, necessidade de seguros, planejamento de dívidas (financiamento).

Herança ou Recebimento Inesperado: Como integrar esse valor ao seu plano de riqueza.

Doença Grave ou Invalidez: Ativar seguros, revisar o planejamento de gastos e de previdência.

- **Como Fazer a Revisão:**

Documente Tudo: Mantenha um registro claro de seu orçamento, metas, investimentos e seguros.

Use Ferramentas: Planilhas, aplicativos de controle financeiro e plataformas das corretoras de investimento facilitam o acompanhamento.

Busque Ajuda Profissional: Um planejador financeiro pode oferecer uma visão externa, identificar pontos cegos e auxiliar na criação de um plano mais robusto e otimizado.

A educação financeira contínua e a revisão periódica são como a manutenção de um carro de corrida: essenciais para garantir que ele continue performando no seu máximo potencial e chegue à linha de chegada de forma segura e eficiente.

8.6 Patrimônio Seguro, Futuro Tranquilo

Chegamos ao final deste capítulo crucial, onde abordamos a vital importância de proteger o que você construiu e as pessoas que ama. Perceba que a verdadeira riqueza não é apenas sobre acumular, mas também sobre **preservar e garantir a continuidade** dessa abundância.

Investir em seguros, planejar sua previdência e cuidar da sua sucessão são atos de responsabilidade e visão de longo prazo. Eles são a base sólida que permite que você durma tranquilo, sabendo que, mesmo diante do imprevisível, seu caminho para a liberdade financeira está resguardado.

Com a sua mentalidade alinhada, suas finanças organizadas, suas dívidas sob controle, sua renda crescendo e seus investimentos trabalhando, a proteção do patrimônio é a camada final que garante a sustentabilidade de todo o seu esforço.

Agora que você tem as ferramentas para proteger suas conquistas, estamos prontos para explorar como seu dinheiro pode começar a trabalhar *para você* de forma ainda mais eficiente, gerando a tão desejada **renda passiva**.

CAPÍTULO 9 — RENDA PASSIVA

A busca pela liberdade financeira muitas vezes parece um horizonte distante, inatingível para a maioria. Contudo, existe um conceito que, se bem compreendido e aplicado, pode transformar radicalmente essa percepção: a **renda passiva**. Imagine construir um sistema onde seu dinheiro, ou ativos que você possui, trabalha para você, gerando rendimentos de forma contínua, independentemente de sua presença física ou de um esforço diário. É como plantar uma árvore: você investe tempo e cuidado no início, e depois colhe os frutos por muitos anos.

9.1 Renda Passiva: Chave da Liberdade

Renda passiva é o dinheiro que você recebe regularmente com pouco ou nenhum esforço ativo para mantê-lo. Diferente da renda ativa, que é a troca do seu tempo e trabalho por dinheiro (como um salário ou um pagamento por serviço), a renda passiva continua a fluir mesmo quando você não está ativamente trabalhando.

9.1.1 Desmistificando a Renda Passiva

É crucial entender que "passiva" não significa "fácil" ou "sem trabalho". A construção de fontes de renda passiva geralmente exige:

- **Esforço Inicial Intenso:** Seja no investimento de tempo para criar um produto digital, na pesquisa e alocação de capital em investimentos, ou na aquisição de um imóvel.

- **Capital Inicial:** Muitos tipos de renda passiva, especialmente via investimentos, requerem um capital inicial significativo para começar a gerar rendimentos relevantes.
- **Manutenção e Monitoramento:** Mesmo que mínima, alguma manutenção ou monitoramento é geralmente necessária para garantir que a fonte de renda continue operando e crescendo.

O mito do "dinheiro fácil" leva muitas pessoas a caírem em golpes ou a se frustrarem. A realidade é que a renda passiva é fruto de **esforço estratégico, inteligência e paciência** na construção de ativos que geram valor.

9.1.2 Renda Ativa vs. Renda Passiva

A maioria das pessoas vive em um modelo de **renda ativa**: você vende seu tempo e sua energia para receber um salário ou honorário. Se você para de trabalhar, a renda cessa. Isso cria uma dependência direta e uma limitação em relação ao tempo disponível – afinal, o dia só tem 24 horas.

A **renda passiva**, por outro lado, **quebra essa correlação direta entre tempo e dinheiro**. Ela libera seu tempo, que é seu ativo mais precioso e não renovável. Quando sua renda passiva for suficiente para cobrir seus custos de vida, você alcançará a **liberdade financeira**. Nesse ponto, trabalhar se torna uma escolha, não uma necessidade. Você pode dedicar-se a projetos que ama, passar mais tempo com a família, viajar, aprender algo novo, ou simplesmente desfrutar de um ritmo de vida mais tranquilo. Essa é a verdadeira essência da liberdade que a renda passiva proporciona.

9.2 Os Pilares da Renda Passiva

O mercado financeiro é um dos caminhos mais acessíveis e eficientes para construir renda passiva, especialmente para quem não tem tempo ou desejo de criar um negócio do zero.

9.2.1 Dividendos de Ações e JCP

Ao se tornar acionista de uma empresa, você adquire uma pequena fatia dela. Empresas lucrativas frequentemente **distribuem parte de seus lucros** aos acionistas na forma de dividendos e Juros Sobre Capital Próprio (JCP).

- **Dividendos:** São parcelas do lucro líquido da empresa que são distribuídas aos acionistas. No Brasil, para pessoa física, dividendos são isentos de Imposto de Renda. Eles representam um fluxo de caixa periódico para o investidor.
- **JCP:** Também são formas de remuneração aos acionistas, mas com uma vantagem tributária para a empresa (e consequentemente para o investidor, que tem um desconto menor na fonte). Há incidência de IR na fonte para o investidor, mas a alíquota pode ser compensada na declaração anual, dependendo do regime tributário.
- **Estratégia:** O foco aqui não é apenas na valorização da ação, mas na capacidade da empresa de gerar lucros consistentes

e distribuí-los. Pesquisar empresas com um histórico sólido de pagamento de dividendos e boa governança corporativa é crucial. O reinvestimento desses dividendos é uma estratégia poderosa para acelerar o crescimento do seu patrimônio e do seu fluxo de renda passiva, o famoso "efeito bola de neve".

9.2.2 Aluguéis de FIIs

Os Fundos de Investimento Imobiliário (FIIs) se tornaram uma das formas mais populares de gerar renda passiva no Brasil. Eles permitem que você invista no mercado imobiliário sem a necessidade de comprar um imóvel físico.

- **Como Funciona:** Um FII é um condomínio de investidores que aplicam em ativos imobiliários, como shoppings, lajes corporativas, galpões logísticos, hospitais, escolas, e até títulos de dívida imobiliária (CRI, LCI). O fundo distribui a maior parte de seus lucros (geralmente 95% do lucro líquido apurado) aos cotistas, na forma de rendimentos mensais, que são isentos de Imposto de Renda para pessoa física.
- **Vantagens:** Liquidez (você compra e vende cotas na Bolsa), diversificação (o fundo investe em vários imóveis), gestão profissional (não precisa se preocupar com inquilinos ou manutenção) e renda mensal isenta de IR.
- **Estratégia:** Escolha FIIs com bom histórico de pagamentos, imóveis de qualidade, boa gestão e diversificação. Assim como nas ações, o reinvestimento dos rendimentos em novas

cotas é uma estratégia poderosa para construir uma renda passiva crescente.

9.2.3 Juros de Títulos e Aplicações Financeiras

Embora muitas vezes associada à renda ativa, a renda fixa também pode ser uma fonte consistente de renda passiva, especialmente para quem busca mais segurança e previsibilidade.

- **Títulos Públicos (Tesouro Direto):** O Tesouro Direto oferece títulos como o Tesouro IPCA+ com juros semestrais, que paga uma parte dos juros a cada seis meses, ou o Tesouro Prefixado com juros semestrais. Essa é uma renda periódica vinda de um investimento de baixo risco (garantido pelo Tesouro Nacional).
- **CDBs (Certificados de Depósito Bancário):** Alguns CDBs, especialmente os de bancos menores que pagam taxas mais atraentes, podem oferecer pagamento de juros periódicos (mensais, trimestrais, etc.).
- **LCIs e LCAs (Letras de Crédito Imobiliário e do Agronegócio):** Títulos de renda fixa com isenção de IR para pessoa física. Alguns oferecem pagamento de juros periódicos, similar ao Tesouro Direto com juros semestrais.
- **Debêntures Incentivadas:** São títulos de dívida emitidos por empresas, com o objetivo de financiar projetos de infraestrutura. Podem oferecer rentabilidade acima da renda fixa tradicional e, quando incentivadas, são isentas de IR para pessoa física.

- **Fundos de Renda Fixa com Distribuição de Rendimentos:** Alguns fundos de renda fixa são desenhados para distribuir rendimentos periodicamente, o que pode ser interessante para quem busca esse fluxo de caixa.

Consideração importante: O valor da renda gerada por esses investimentos dependerá do capital investido e da rentabilidade. No início, pode parecer pouco, mas com disciplina e reinvestimento, o efeito dos juros compostos transforma esses valores em uma máquina de dinheiro.

9.3 Renda Passiva: Ativos Não Tradicionais

Além dos investimentos financeiros, é possível construir renda passiva através da criação de seus próprios ativos, que geram dinheiro com o tempo. Isso geralmente exige um esforço inicial maior, mas o potencial de retorno e controle também pode ser superior.

9.3.1 Royalties (Livros, Música, Patentes)

Se você tem habilidades criativas ou intelectuais, pode transformar seu trabalho em uma fonte de renda passiva através de royalties.

- **Livros:** Escrever e publicar um livro (seja físico ou e-book) pode gerar royalties toda vez que ele é vendido. O trabalho é intenso na criação, mas os rendimentos podem ser passivos por anos. Plataformas de autopublicação facilitaram esse processo.

- **Música:** Compor e registrar músicas pode render royalties toda vez que sua obra é tocada publicamente (rádio, TV, shows, streaming) ou utilizada em produções.
- **Patentes e Licenças:** Inventores podem patentear suas criações e licenciá-las para empresas, recebendo pagamentos periódicos pelo uso da sua tecnologia ou ideia.
- **Imagens e Vídeos:** Fotógrafos e videomakers podem licenciar suas obras para bancos de imagens, recebendo royalties por cada download.

9.3.2 Negócios Digitais

A internet abriu um leque enorme de possibilidades para a criação de ativos digitais que geram renda passiva.

- **Cursos Online:** Se você tem expertise em alguma área, pode criar um curso online e vendê-lo repetidamente. O esforço é na criação do conteúdo e na divulgação inicial, mas depois as vendas podem ocorrer de forma automática. Plataformas como Hotmart, Eduzz, Kiwify facilitam esse processo.
- **Blogs e Sites com Anúncios/Afiliados:** Criar um blog ou site de nicho com conteúdo de valor atrai tráfego. Com tráfego, você pode monetizar através de anúncios (Google AdSense), marketing de afiliados (vendendo produtos de terceiros e ganhando comissão) ou vendendo seus próprios produtos digitais. O trabalho é na produção inicial do conteúdo e na otimização para buscas.

- **E-commerce (Dropshipping):** No modelo de dropshipping, você vende produtos sem ter estoque físico. Quando um cliente compra, o pedido é enviado diretamente do fornecedor para o cliente. Você foca na venda e no marketing, e o fornecedor cuida da logística. Embora exija monitoramento, pode ser uma fonte de renda mais passiva que um e-commerce tradicional.
- **Aplicativos e Softwares:** Desenvolver um aplicativo ou software que resolve um problema pode gerar renda passiva através de vendas, assinaturas ou anúncios.

9.3.3 Franquias e Aluguel de Bens

Modelos de negócios e bens físicos que geram renda sem sua operação direta.

- **Franquias:** Comprar uma franquia pode ser uma forma de investir em um modelo de negócio já testado. Embora exija capital e supervisão, muitas franquias são projetadas para ter uma gestão mais simplificada ou até mesmo para serem operadas por gerentes, gerando um fluxo de caixa passivo para o franqueado.
- **Aluguel de Imóveis:** A forma mais tradicional de renda passiva. Comprar casas, apartamentos ou pontos comerciais para alugar gera uma renda mensal. Exige capital inicial significativo, e pode haver a necessidade de gestão (inquilinos, manutenção), mas é um fluxo de caixa consistente.

- **Aluguel de Equipamentos:** Investir em equipamentos (máquinas de construção, veículos especiais, equipamentos de festa, etc.) e alugá-los para outras empresas ou indivíduos pode gerar um bom retorno.
- **Máquinas de Vending Machine:** Um clássico exemplo de renda passiva. Após a compra e instalação, exigem apenas reposição e manutenção periódica.

9.4 Construindo Sua Renda Passiva

A construção de renda passiva significativa não é um evento único, mas um processo gradual e disciplinado.

9.4.1 A Relevância do Reinvestimento

Nos estágios iniciais da construção da renda passiva, a tentação de usar os rendimentos gerados para consumo pessoal pode ser grande. Contudo, a estratégia mais poderosa é o **reinvestimento**.

- **Aceleração do Crescimento:** Ao reinvestir os dividendos, aluguéis de FIIs ou juros, você aumenta a base do seu capital. Um capital maior gera mais rendimentos, que por sua vez, são reinvestidos, criando um ciclo virtuoso.
- **Paciência é Virtude:** Este é um jogo de longo prazo. No começo, os valores podem parecer irrisórios. Mas a magia acontece com o tempo e a consistência do reinvestimento. É

a diferença entre uma pequena bola de neve rolando e virando uma avalanche.

9.4.2 O Poder dos Juros Compostos

Os juros compostos são frequentemente chamados de "oitava maravilha do mundo" por Albert Einstein, e são o motor do crescimento exponencial da renda passiva. Eles representam juros sobre juros, onde seus ganhos também começam a gerar ganhos.

- **Exemplo Prático:** Se você investe R$ 1.000,00 e ele rende 1% ao mês, no primeiro mês você tem R$ 10,00 de lucro. Reinvestindo, no segundo mês, o lucro será sobre R$ 1.010,00, e assim por diante. Ao longo de anos, essa pequena diferença se torna gigantesca.
- **Tempo é Seu Maior Aliado:** Quanto mais cedo você começa a construir sua renda passiva e a reinvestir, mais tempo os juros compostos têm para operar sua mágica. O valor do dinheiro no tempo é um conceito fundamental aqui. Um pequeno aporte hoje, somado a um reinvestimento contínuo, pode valer muito mais do que aportes muito maiores feitos mais tarde.

9.5 Evitando Armadilhas da Renda Passiva

O desejo de ter renda passiva pode levar pessoas a caminhos perigosos, repletos de "esquemas" e "fórmulas mágicas" que prometem retornos irreais sem esforço.

9.5.1 Cuidado Com Esquemas "Milagrosos"

- **Promessas de Retornos Irreais:** Se algo parece bom demais para ser verdade, provavelmente é. Desconfie de qualquer investimento que prometa retornos muito acima da média do mercado, especialmente se forem fixos e garantidos em prazos curtos.
- **"Dinheiro Fácil":** Conforme desmistificamos, a renda passiva exige esforço inicial. Propostas que prometem "dinheiro sem trabalho" são alertas vermelhos.
- **Marketing Agressivo e Pressão:** Esquemas fraudulentos (como pirâmides financeiras) frequentemente usam marketing agressivo e pressionam as pessoas a investir rapidamente, sem tempo para pesquisa ou questionamento.
- **Falta de Transparência:** Se você não consegue entender claramente como o dinheiro é gerado ou onde ele é investido, fuja. Empresas legítimas fornecem informações detalhadas e acesso a extratos.
- **Recrutamento de Novos Membros:** Pirâmides financeiras dependem do recrutamento contínuo de novos investidores para pagar os antigos. Quando o fluxo de novos membros diminui, o esquema colapsa.

9.5.2 A Importância da Diligência e Pesquisa

Antes de investir em qualquer fonte de renda passiva, seja ela financeira ou um negócio, faça sua lição de casa.

- **Pesquise a Credibilidade:** Verifique a reputação da empresa ou da plataforma, se ela é regulamentada (CVM no caso de investimentos financeiros, Banco Central, etc.), e procure por reclamações.
- **Entenda o Modelo de Negócio:** Compreenda como o dinheiro será gerado. Se é um investimento, qual o ativo subjacente? Qual a lógica de rentabilidade?
- **Consulte Especialistas:** Converse com planejadores financeiros, advogados, contadores. Uma segunda opinião profissional pode salvar você de grandes perdas.
- **Diversificação:** Mesmo para renda passiva, a diversificação é sua melhor amiga. Não coloque todos os ovos na mesma cesta. Tenha múltiplas fontes de renda passiva, para que se uma falhar, as outras possam sustentar seu fluxo.

A sabedoria em distinguir oportunidades reais de armadilhas é um dos maiores ativos que você pode desenvolver em sua jornada financeira.

9.6 Sua Liberdade Financeira em Ação!

Chegamos ao fim de um capítulo fundamental na sua jornada rumo à liberdade financeira. A renda passiva não é um luxo para poucos, mas uma meta alcançável para quem se dedica a entender seus princípios e a aplicar as estratégias corretas.

Você viu que construir uma máquina de dinheiro que trabalha para você exige esforço inicial, paciência, consistência e, acima de tudo, um compromisso inabalável com o reinvestimento. Seja através dos dividendos de suas ações, dos aluguéis de seus FIIs, dos juros de títulos ou da monetização de ativos que você mesmo criou, o objetivo é o mesmo: **liberar seu tempo e suas escolhas**.

Com este conhecimento, você está agora equipado para não apenas acumular patrimônio, mas para fazer com que esse patrimônio comece a gerar um fluxo constante de recursos, aproximando-o cada vez mais da vida que você sempre sonhou. Lembre-se: cada real que você reinveste em suas fontes de renda passiva é um tijolo a mais na construção da sua fortaleza da liberdade.

CAPÍTULO 10 — PENSE RICO

Se você já se perguntou por que algumas pessoas parecem ter uma inclinação natural para a riqueza, enquanto outras lutam constantemente, a resposta não reside apenas em suas habilidades financeiras ou nas oportunidades que lhes são dadas. A diferença mais profunda reside na **mentalidade**. A riqueza não é apenas sobre o que você tem, mas sobre como você pensa, age e se relaciona com o mundo e com o dinheiro. Este capítulo mergulha nos hábitos e atitudes que separam os indivíduos financeiramente prósperos da maioria, mostrando que a verdadeira fortuna é cultivada de dentro para fora.

10.1 Mentalidade de Riqueza

Pode-se ter acesso a todas as informações e ferramentas financeiras do mundo, mas sem a mentalidade correta, o sucesso sustentável é improvável. A mentalidade é o sistema operacional da sua vida financeira, moldando suas decisões, reações a desafios e capacidade de visualizar e atrair oportunidades.

10.1.1 Programação Mental Para o Sucesso

Desde a infância, somos programados por nossas experiências, nossa família, escola e sociedade em geral sobre o dinheiro. Essas programações se tornam **crenças subconscientes** que ditam nossos comportamentos financeiros.

- **Crenças Limitantes:** "Dinheiro não dá em árvore", "É preciso trabalhar duro e sofrer para ter dinheiro", "Dinheiro é sujo", "Não nasci para ser rico". Essas frases, repetidas ao longo da vida, criam barreiras invisíveis. Se você acredita que dinheiro é difícil, seu subconsciente buscará confirmar essa crença, tornando-o, de fato, mais difícil.
- **Crenças Empoderadoras:** "O dinheiro é uma ferramenta para o bem", "Eu sou capaz de atrair e gerenciar riqueza", "A prosperidade é meu direito", "Trabalho inteligente traz abundância". A reprogramação mental envolve identificar as crenças limitantes e substituí-las ativamente por crenças que o impulsionam. Isso não é "pensamento mágico", mas sim um alinhamento do seu subconsciente com seus objetivos conscientes. Quando sua mente acredita, ela começa a buscar soluções e oportunidades que antes passavam despercebidas.

10.1.2 Superando Seus Medos

Curiosamente, não é apenas o medo do fracasso que nos impede, mas também o **medo do sucesso**.

- **Medo do Fracasso:** A paralisia pela análise, a procrastinação, o receio de perder dinheiro em investimentos ou de não conseguir pagar dívidas. O medo do fracasso nos impede de tentar, de arriscar (calculadamente) e de aprender com os erros. Pessoas ricas veem o fracasso como feedback, uma oportunidade de ajustar a rota.

- **Medo do Sucesso:** Pode parecer contraintuitivo, mas algumas pessoas temem o sucesso por diversas razões subconscientes: medo de perder amigos, de ter mais responsabilidades, de não saber lidar com grandes somas de dinheiro, ou de se tornar alguém que não gostam. Esse medo pode levar a auto-sabotagem financeira, como gastar impulsivamente um dinheiro extra ou sabotar uma oportunidade de crescimento.

A superação desses medos exige autoconsciência e um trabalho ativo de reestruturação das suas crenças.

10.2 Aprendizado Contínuo e Curiosidade

A riqueza não é construída em um vácuo. É um processo contínuo de aprendizado e adaptação. As pessoas financeiramente prósperas nunca param de aprender.

10.2.1 Leitura e Estudo Constantes

- **Livros e Artigos:** Devoram livros sobre finanças, investimentos, negócios, desenvolvimento pessoal, biografias de sucesso.
- **Cursos e Workshops:** Investem em educação formal e informal, aprimorando suas habilidades e conhecimentos específicos.

- **Notícias e Tendências:** Mantêm-se informados sobre o cenário econômico, inovações tecnológicas e tendências de mercado.
- **Aprofundamento:** Não se contentam com informações superficiais. Buscam entender o "porquê" por trás dos conceitos e estratégias.

10.2.2 Mentores e Conselheiros

- **Busca por Sabedoria:** Pessoas ricas buscam ativamente mentores – indivíduos que já alcançaram o que elas desejam – para aprender com suas experiências, erros e sucessos.
- **Conselho Profissional:** Contratam e confiam em conselheiros financeiros, contadores, advogados tributaristas e consultores de negócios. Eles entendem que não precisam saber tudo e que delegar certas áreas a especialistas é um investimento inteligente.
- **Networking Qualificado:** Cercam-se de pessoas que as elevam, que as desafiam e que compartilham ambições semelhantes, criando um ambiente de crescimento mútuo.

10.3 A Disciplina da Consistência

A riqueza raramente é construída por grandes saltos esporádicos, mas sim por uma série de pequenos passos consistentes e disciplinados ao longo do tempo.

10.3.1 A Força dos Pequenos Sacrifícios

- **Economias Disciplinadas:** Não se trata de privação extrema, mas de escolhas conscientes. Abrir mão de pequenos gastos desnecessários no dia a dia, como aquele café caro todos os dias ou assinaturas não utilizadas, e direcionar esse dinheiro para investimentos.
- **Aportes Regulares:** A consistência nos aportes, por menores que sejam, supera a tentativa de "dar um grande tiro" de vez em quando. É o famoso "poupança formiguinha" que se transforma em um "tesouro gigante".
- **Juros Compostos:** A disciplina da consistência é o que permite que os juros compostos operem sua mágica em sua plenitude, transformando pequenas quantias em fortunas ao longo do tempo.

10.3.2 Desenvolvendo Hábitos Financeiros

- **Automatização:** Configure transferências automáticas para sua poupança e investimentos assim que receber seu salário. Se o dinheiro não passar pela sua conta corrente, você não sentirá falta.
- **Orçamento Regular:** Fazer o orçamento não é um evento anual, mas um hábito mensal, ou mesmo semanal, de controle e acompanhamento.
- **Revisão de Metas:** Olhar para suas metas financeiras regularmente (diariamente ou semanalmente) ajuda a manter o foco e a motivação.

- **Gratificação Atrasada:** Aprender a adiar a gratificação imediata por um benefício maior no futuro é uma marca registrada de pessoas bem-sucedidas financeiramente.

10.4 O Valor do Tempo e da Produtividade

Pessoas ricas entendem que o tempo é o ativo mais valioso, mais até que o dinheiro, pois o dinheiro pode ser recuperado, mas o tempo perdido, jamais.

10.4.1 Gerenciamento do Tempo Eficaz

- **Priorização:** Concentram-se nas tarefas mais importantes e de maior impacto, em vez de se perderem em atividades de baixo valor.
- **Eliminação de Distrações:** Minimizar o tempo gasto em redes sociais, e-mails irrelevantes e outras distrações que não contribuem para seus objetivos.
- **Delegação:** Aprendem a delegar tarefas que não precisam ser feitas por elas, liberando tempo para atividades de maior valor.

10.4.2 Foco em Atividades de Alto Impacto

- **Trabalho Inteligente, Não Apenas Duro:** Em vez de focar apenas em trabalhar mais horas, concentram-se em trabalhar de forma mais eficiente e em atividades que geram maior retorno sobre o tempo investido.

- **Investimento no Capital Humano:** Usam seu tempo para aprender novas habilidades, construir relacionamentos e criar ativos que gerarão renda passiva no futuro.
- **Saúde e Bem-Estar:** Dedicam tempo para cuidar da saúde física e mental, sabendo que isso impacta diretamente sua energia, foco e capacidade de produção.

10.5 Pensamento de Longo Prazo e Legado

A característica mais marcante da mentalidade de riqueza é a capacidade de pensar no longo prazo, resistindo às tentações do curto prazo.

10.5.1 A Paciência do Investidor de Sucesso

- **Resistência a Oscilações:** Investidores de sucesso entendem que o mercado financeiro tem altos e baixos. Eles não entram em pânico em momentos de queda, mas veem-nos como oportunidades.
- **Compreensão do Ciclo:** Sabem que os grandes resultados vêm da consistência e da permanência no longo prazo, permitindo que os juros compostos e o crescimento dos ativos façam seu trabalho.
- **Visão Além do Próximo Mês:** Não se preocupam apenas com o saldo da conta no final do mês, mas com o patrimônio construído e a renda gerada daqui a 5, 10, 20 anos.

10.5.2 Seu Legado Além do Dinheiro

A visão de longo prazo se estende para além da própria vida. Pessoas verdadeiramente ricas pensam em seu legado.

- **Impacto Social:** Como seu dinheiro e sua influência podem ser usados para fazer a diferença na vida de outras pessoas, na comunidade ou no mundo?
- **Educação Financeira Familiar:** Como você pode educar seus filhos e netos para que eles também sejam financeiramente responsáveis e prósperos?
- **Propósito:** Que tipo de marca você quer deixar? O dinheiro, nesse contexto, se torna uma ferramenta para amplificar esse propósito.

10.6 Riscos Calculados e Inovação

Riqueza não é construída na zona de conforto. Pessoas prósperas entendem a necessidade de assumir riscos, mas o fazem de forma inteligente.

10.6.1 Diferença Entre Risco e Temeridade

- **Risco Calculado:** É assumir um risco após uma análise cuidadosa, compreendendo os possíveis resultados (positivos e negativos), as chances de sucesso e tendo um plano de contingência. É sair da zona de conforto com inteligência.
- **Temeridade:** É assumir um risco sem pesquisa, sem conhecimento, movido apenas por impulsos ou emoções, sem entender as consequências. Isso geralmente leva a perdas.

- **Conhecimento é a Base:** Aumentar seu conhecimento sobre um tema (investimento, negócio) diminui o risco percebido e aumenta sua capacidade de assumir riscos calculados.

10.6.2 Abertura Para Novas Oportunidades

- **Adaptabilidade:** O mundo muda, e as oportunidades mudam com ele. Pessoas ricas são adaptáveis, abertas a novas ideias e tecnologias, como e-commerce, criptomoedas, inteligência artificial, etc.
- **Primeiros Movimentos:** Muitos milionários construíram suas fortunas identificando e agindo sobre tendências antes que se tornassem mainstream. Isso não significa ser irresponsável, mas estar atento e disposto a estudar e experimentar com cautela.
- **Saída da Zona de Conforto:** O verdadeiro crescimento ocorre quando você se força a ir além do que já conhece e se sente seguro.

10.7 Networking: Seu Capital Social

Ninguém constrói uma fortuna sozinho. O capital social – a rede de relacionamentos – é tão importante quanto o capital financeiro.

10.7.1 A Importância das Conexões

- **Oportunidades:** Oportunidades de negócios, investimentos, empregos e parcerias muitas vezes surgem através da sua rede de contatos.
- **Aprendizado:** Trocar ideias com pessoas de diferentes áreas e níveis de experiência enriquece seu conhecimento e perspectiva.
- **Apoio e Suporte:** Ter uma rede de apoio que pode oferecer conselhos, motivação ou ajuda em momentos de dificuldade é inestimável.
- **Parcerias:** Colaborações em projetos, negócios ou investimentos podem alavancar seu crescimento.

10.7.2 Como Construir Um Networking de Valor

- **Foco em Valor Recíproco:** O networking não é apenas sobre o que você pode obter, mas sobre o que você pode oferecer. Ajude, compartilhe conhecimento, apresente pessoas.
- **Qualidade, Não Quantidade:** É melhor ter um círculo menor de contatos verdadeiramente valiosos do que milhares de conexões superficiais.
- **Seja Genuíno:** Construa relacionamentos autênticos, baseados em confiança e respeito mútuo.
- **Participe de Eventos e Comunidades:** Engaje-se em eventos da sua área, grupos de estudo, associações profissionais e comunidades online relevantes.

10.8 Generosidade e Impacto Social

A verdadeira riqueza não se limita à posse de bens; ela se expande para o impacto positivo que você pode gerar no mundo.

10.8.1 Doar e Compartilhar: Abundância

- **Mentalidade de Abundância:** A generosidade reforça a mentalidade de que "há o suficiente para todos" e de que você tem tanto que pode compartilhar. Isso contraria a mentalidade de escassez, que se apega ao dinheiro por medo de perder.
- **Princípio da Reciprocidade:** O ato de dar, seja tempo, conhecimento ou dinheiro, muitas vezes retorna de formas inesperadas.
- **Bem-Estar Pessoal:** Estudos mostram que pessoas que praticam a generosidade e a caridade tendem a ser mais felizes e satisfeitas com a vida.

10.8.2 O Dinheiro Para a Transformação Social

- **Filantropia:** Apoiar causas sociais, ONGs, projetos de educação, saúde ou meio ambiente.
- **Investimento Socialmente Responsável:** Direcionar investimentos para empresas que buscam gerar impacto positivo, além do lucro.
- **Criação de Oportunidades:** Usar sua riqueza para criar empregos, desenvolver produtos ou serviços que melhorem a vida das pessoas.

- **Legado Positivo:** O dinheiro pode ser um catalisador para mudanças sociais duradouras, deixando um impacto que transcende gerações.

10.9 Riqueza: Equilíbrio e Bem-Estar

A busca incessante por dinheiro, em detrimento de outras áreas da vida, pode levar a uma riqueza vazia. A verdadeira abundância é um equilíbrio.

10.9.1 Equilíbrio É Essencial

- **Saúde:** Sem saúde física e mental, de que adianta ter milhões? Cuide da sua alimentação, pratique exercícios, gerencie o estresse. Invista em sua saúde como seu ativo mais valioso.
- **Relacionamentos:** Família e amigos são a base da felicidade e do suporte emocional. Sacrificar relacionamentos importantes em nome do dinheiro pode levar a um isolamento doloroso no topo.
- **Propósito e Paixões:** A riqueza deve permitir que você persiga seus propósitos e desfrute de suas paixões, e não o contrário.

10.9.2 A Busca Pela Vida Equilibrada

- **Definição Pessoal de Sucesso:** O sucesso financeiro deve ser um componente de uma vida bem-sucedida, não a única métrica.

- **Tempo de Qualidade:** Use sua liberdade financeira para criar tempo de qualidade para as pessoas que você ama e para as atividades que o energizam.
- **Autoconhecimento:** Entenda o que realmente traz felicidade e realização para você, e alinhe suas decisões financeiras a esses valores.

10.10 Transformando Mente e Vida

Este capítulo revelou a profunda conexão entre sua mentalidade e sua prosperidade financeira. A riqueza não é apenas sobre o que você acumula em sua conta bancária, mas sobre o que você cultiva em sua mente e em seus hábitos diários.

Ao desafiar crenças limitantes, abraçar o aprendizado contínuo, praticar a consistência, valorizar seu tempo, pensar a longo prazo, assumir riscos calculados, construir uma rede de apoio e exercer a generosidade, você não está apenas buscando dinheiro. Você está se tornando a pessoa que é capaz de atrair, gerenciar e sustentar a verdadeira abundância em todas as áreas da vida.

Com sua mentalidade agora calibrada para o sucesso, o próximo passo é entender como integrar tudo isso na vida a dois e em família, garantindo que o dinheiro seja um elo de união e prosperidade para todos.

CAPÍTULO 11 — RIQUEZA EM FAMÍLIA

As finanças são uma das principais causas de conflito e estresse em relacionamentos e famílias. No entanto, quando bem gerenciadas, elas podem se tornar um dos maiores pilares de união, confiança e prosperidade. Construir a riqueza em conjunto não é apenas somar duas rendas; é alinhar sonhos, compartilhar responsabilidades e fortalecer os laços através de objetivos financeiros comuns. Este capítulo irá guiá-lo sobre como transformar o dinheiro de um potencial ponto de atrito em um alicerce para uma vida familiar feliz e financeiramente segura.

11.1 Dinheiro: União ou Conflito?

A forma como um casal lida com o dinheiro pode ser um termômetro da saúde do relacionamento. Divergências financeiras são citadas como uma das maiores causas de divórcio e desavenças familiares. Mas por que o dinheiro gera tanto atrito?

11.1.1 Transparência e Honestidade

- **Confiança:** A base de qualquer relacionamento saudável é a confiança. Quando se trata de dinheiro, isso significa total transparência sobre rendas, gastos, dívidas e investimentos. Ocultar informações financeiras ou ter gastos secretos é um veneno para a confiança e pode levar a ressentimento e traições emocionais.

- **Vulnerabilidade:** Abrir suas finanças pode ser um ato de vulnerabilidade. Reconhecer hábitos ruins, dívidas antigas ou medos financeiros exige coragem, mas é o primeiro passo para a cura e a colaboração.
- **Comprometimento:** A transparência é uma demonstração de comprometimento com o parceiro e com os objetivos comuns.

11.1.2 O Tabu do Dinheiro no Relacionamento

Crescemos em uma sociedade onde falar de dinheiro é, muitas vezes, visto como falta de educação ou indelicadeza. Essa cultura do tabu se estende para dentro dos lares, fazendo com que muitos casais evitem conversas essenciais sobre finanças.

- **Desmistifique a Conversa:** O dinheiro é uma parte da vida, assim como trabalho, saúde e família. Ele não precisa ser um tópico tenso. Comece com conversas leves, em momentos de tranquilidade.
- **Encare Diferenças Como Oportunidades:** É natural que um parceiro seja mais poupador e o outro mais gastador, ou que tenham visões diferentes sobre riscos. Essas diferenças não são fraquezas, mas oportunidades para aprender um com o outro e encontrar um equilíbrio. O poupador pode ensinar disciplina; o gastador pode trazer mais alegria e experiências.
- **Defina um "Momento do Dinheiro":** Estabeleça um dia e horário fixos (semanal ou quinzenal) para discutir as finanças. Pode ser um "café da manhã financeiro" ou um "date do

orçamento". Torne-o um momento de colaboração, não de acusação.

11.2 Conheça as Finanças Um do Outro

Antes de qualquer planejamento conjunto, é essencial que cada um saiba exatamente a situação financeira do outro. Isso é a base para a parceria.

11.2.1 Inventário de Ativos e Dívidas

- **Receitas:** Listem todas as fontes de renda de ambos (salários, rendas extras, aluguéis, investimentos).
- **Despesas:** Façam um levantamento completo de todas as despesas fixas (aluguel/financiamento, contas de consumo, mensalidades) e variáveis (alimentação, lazer, transporte). Categorizem-as.
- **Dívidas:** Enumerem todas as dívidas, com valores, taxas de juros, credores e prazos. Sejam honestos sobre as dívidas individuais pré-casamento ou recentes.
- **Ativos:** Listem todos os bens e investimentos (imóveis, carros, poupança, ações, previdência).
- **Transparência Total:** Isso cria um cenário claro e evita surpresas futuras. Usem planilhas ou aplicativos conjuntos para organizar essas informações.

11.2.2 Histórico Financeiro Individual

- **Conversa sobre o Passado:** Discutam como cada um foi educado sobre dinheiro. Quais eram as crenças financeiras da família de origem? Houve dificuldades financeiras? Isso ajuda a entender comportamentos e medos atuais.
- **Experiências Passadas:** Compartilhem experiências financeiras positivas e negativas que tiveram antes do relacionamento. Isso gera empatia e compreensão mútua.
- **Valores e Prioridades:** Quais são os valores de cada um em relação ao dinheiro? Um valoriza mais a segurança, outro a experiência, outro o acúmulo? Entender essas prioridades é crucial para alinhar os objetivos.

11.3 Objetivos Financeiros Comuns

Ter objetivos compartilhados é o combustível que impulsiona a colaboração e a superação de desafios financeiros.

11.3.1 Sonhos e Metas Compartilhadas

- **Curto Prazo (até 1 ano):** Reformar um cômodo, fazer uma pequena viagem, quitar uma dívida menor, construir/completar a reserva de emergência.
- **Médio Prazo (1 a 5 anos):** Comprar um carro, a entrada da casa própria, uma viagem maior, um curso de especialização, pagar uma dívida substancial.
- **Longo Prazo (acima de 5 anos):** Aposentadoria, educação dos filhos, independência financeira, compra de imóvel na praia/campo, legado.

- **Visualização Conjunta:** Sonhem juntos. Onde vocês se veem em 5, 10, 20 anos? Que tipo de vida financeira desejam ter? Essa visão compartilhada cria um senso de propósito mútuo.

11.3.2 Prioridades e Concessões

- **Discutam e Priorizem:** É provável que vocês tenham muitos sonhos. Nem todos podem ser realizados ao mesmo tempo. Conversem sobre quais são as prioridades para ambos.
- **Façam Concessões:** Gerir finanças em casal é um exercício constante de negociação e concessão. Um pode abrir mão de algo agora para que o outro alcance um objetivo importante, sabendo que a recíproca será verdadeira no futuro.
- **Planos de Ação:** Para cada meta, definam o que precisa ser feito, quem será responsável por cada ação e qual o prazo. Transformem os sonhos em passos concretos e mensuráveis.

11.4 Gestão Financeira Para Casais

Não existe uma única "receita de bolo" para a gestão financeira de casais. O ideal é encontrar o modelo que se adapta melhor à personalidade, nível de confiança e estilo de vida de ambos.

11.4.1 Contas Separadas, Contribuição Conjunta

- **Como Funciona:** Cada um mantém sua conta individual, e abrem uma terceira conta (ou usam um método de caixa comum) para as despesas conjuntas (aluguel, contas de consumo, mercado, financiamentos). Cada um contribui com uma porcentagem ou valor fixo para essa conta conjunta.

- **Vantagens:** Preserva a independência financeira individual, permite que cada um gerencie seu "dinheiro pessoal" como quiser sem precisar pedir permissão. Reduz atritos sobre gastos menores.
- **Desvantagens:** Pode gerar a sensação de "minha conta" e "nossa conta", dificultando a visão do patrimônio como um todo. Exige disciplina para as contribuições serem feitas regularmente.
- **Ideal para:** Casais que preferem manter certa autonomia, que possuem rendas muito discrepantes (podendo contribuir proporcionalmente) ou que já tinham finanças independentes antes da união.

11.4.2 Conta Única Compartilhada

- **Como Funciona:** Todas as rendas são depositadas em uma única conta conjunta, e todas as despesas são pagas por ela.
- **Vantagens:** Visão clara e unificada do patrimônio e dos gastos do casal. Simplifica o controle, pois tudo está em um só lugar. Reforça a ideia de "somos um só time".
- **Desvantagens:** Exige altíssimo nível de confiança e alinhamento total nos gastos. Um parceiro pode se sentir "controlado" pelo outro. Pode gerar discussões sobre cada centavo gasto.

- **Ideal para:** Casais com altíssimo nível de confiança, que compartilham totalmente a filosofia financeira e que têm objetivos muito alinhados.

11.4.3 Modelo Misto e Flexível

- **Como Funciona:** Uma combinação dos dois anteriores. Pode haver uma conta conjunta para as despesas fixas e a maior parte dos investimentos, mas cada um mantém uma pequena parte da renda em uma conta individual para gastos pessoais, hobbies ou pequenos investimentos que o outro não precisa aprovar.
- **Vantagens:** Oferece o melhor dos dois mundos: união para os grandes objetivos e flexibilidade para as despesas individuais. Promove a autonomia sem perder a visão conjunta.
- **Desvantagens:** Pode ser um pouco mais complexo de gerenciar no início, mas os benefícios superam.
- **Ideal para:** A maioria dos casais, pois permite a adaptação e o equilíbrio entre independência e colaboração.

Independentemente do modelo escolhido, a chave é a **comunicação constante e o acordo mútuo**. O modelo ideal é aquele que faz ambos se sentirem confortáveis, seguros e engajados na construção da riqueza em conjunto.

11.5 Orçamento e Despesas Compartilhadas

Uma vez definido o modelo de contas, o orçamento conjunto se torna a ferramenta prática para a execução do plano financeiro do casal.

11.5.1 Quem Paga o Quê?

A divisão das despesas pode ser feita de algumas formas:

- **Divisão Proporcional à Renda:** Se um parceiro ganha o dobro do outro, ele contribui com o dobro para as despesas conjuntas. Isso é considerado justo por muitos, pois as despesas são compartilhadas de acordo com a capacidade de cada um.

  Exemplo: Se a renda total do casal é R$ 10.000 (um ganha R$ 6.000 e outro R$ 4.000) e as despesas conjuntas são R$ 5.000, o primeiro contribui com 60% (R$ 3.000) e o segundo com 40% (R$ 2.000).

- **Divisão Fixa (50/50):** Cada um contribui com metade do valor das despesas conjuntas, independentemente da renda.

  Vantagens: Simples e direto.

  Desvantagens: Pode ser injusto se houver grande disparidade de renda, gerando sobrecarga para o parceiro que ganha menos.

- **Divisão por Categorias:** Um parceiro pode ser responsável por uma categoria de despesas (ex: aluguel, contas de consumo) e o outro por outras (ex: mercado, lazer), desde que os valores se equilibrem ou haja compensação.

O importante é que a decisão seja **mutuamente acordada** e que ambos se sintam confortáveis e justos com a divisão. O que funciona para um casal pode não funcionar para outro.

11.5.2 Dinheiro Para Gastos Pessoais

Mesmo em um orçamento conjunto, é saudável que cada um tenha uma quantia de "dinheiro pessoal" para gastar como quiser, sem precisar justificar ao outro.

- **Benefícios:** Reduz o atrito sobre gastos menores, permite que cada um mantenha sua individualidade e seus hobbies, e evita a sensação de controle.
- **Como Definir:** Esse valor pode ser fixo e igual para ambos, ou proporcional à renda (no caso de divisão proporcional de despesas conjuntas). A quantia deve ser realista e não comprometer os objetivos comuns.
- **Exemplo Prático:** Após a contribuição para a conta conjunta e a reserva de investimentos, cada um tem R$ 500 para usar em gastos pessoais (roupas, sair com amigos, um jogo, um cosmético, etc.). Isso evita brigas por "por que você comprou isso?" e fortalece a confiança.

11.6 Investimentos em Família

Uma vez que o orçamento está alinhado e as despesas diárias cobertas, o foco se volta para a construção do patrimônio e a realização dos grandes sonhos.

11.6.1 Planos de Investimento em Conjunto

- **Metas Comuns:** Os investimentos devem ser direcionados para as metas financeiras compartilhadas (aposentadoria, casa, educação dos filhos, renda passiva).
- **Perfil de Investidor do Casal:** Discutam o apetite a risco de ambos. Um pode ser mais conservador, outro mais arrojado. O ideal é encontrar um meio-termo ou, se possível, ter uma parte dos investimentos mais arrojada (com a qual o mais arrojado se sinta confortável) e outra mais conservadora.
- **Diversificação:** Apliquem os princípios de diversificação não apenas em tipos de ativos, mas também considerando os objetivos. Parte para o curto prazo (menor risco), parte para o longo prazo (maior potencial de retorno).
- **Educação Mútua:** Ambos devem se envolver e aprender sobre os investimentos. Um pode ser mais proativo na pesquisa, mas o outro deve estar ciente e confortável com as decisões.

11.6.2 Educação Financeira Para os Filhos

A melhor herança que você pode deixar para seus filhos não é dinheiro, mas a **capacidade de gerar e gerenciar dinheiro**.

- **Comece Cedo:** Quanto mais cedo, melhor. Use mesadas (vinculadas a pequenas responsabilidades, não a notas escolares), ensine sobre poupança, investimento e caridade.
- **Transparência Adequada à Idade:** Não é preciso detalhar tudo, mas converse abertamente sobre o valor do dinheiro, a importância de economizar e de investir para o futuro.
- **Exemplos Práticos:** Mostre a eles como pequenas economias podem se transformar em algo maior (ex: para um brinquedo, uma viagem). Se você investe em FIIs, mostre os "aluguéis" caindo na conta e explique que é o dinheiro trabalhando.
- **Fundo para Educação:** Criem um fundo específico para a educação dos filhos desde cedo, investindo nele regularmente. Isso alivia uma grande pressão financeira no futuro.

11.7 Lidando Com Dívidas e Conflitos

Mesmo com o melhor planejamento, dívidas podem surgir, e desentendimentos financeiros são quase inevitáveis. A forma como vocês os enfrentam é que define o sucesso.

11.7.1 Como Abordar o Assunto Dívidas

- **Não Julgue:** Se um parceiro chega com uma dívida (seja antiga ou nova), o primeiro passo não é o julgamento, mas a empatia e a compreensão. Ataques pessoais só pioram a situação.

- **Problema Comum, Solução Conjunta:** Mesmo que a dívida seja "de um só", ela afeta o orçamento e os objetivos do casal. Portanto, é um problema do casal a ser resolvido juntos.
- **Foco na Solução:** Em vez de remoer o passado, foquem em como resolver a dívida e como evitar que aconteça novamente. Criem um plano de quitação em conjunto (utilizando as estratégias do Capítulo 4).

11.7.2 Estratégias Para Superar Divergências

- **Ouça Ativamente:** Não ouça para responder, mas para entender o ponto de vista do outro. Por que ele/ela pensa daquela forma sobre dinheiro ou aquele gasto?
- **Encontre um Meio-Termo:** Raros são os casos de "tudo ou nada". Geralmente, existe um ponto de equilíbrio onde ambos podem ceder um pouco e se sentir confortáveis.
- **Regras Claras:** Para gastos maiores, estabeleçam um limite de valor a partir do qual a compra precisa ser discutida e aprovada por ambos. Isso evita compras impulsivas e caras.
- **Conselheiro Externo:** Se as discussões financeiras forem constantes e destrutivas, considerem buscar ajuda de um planejador financeiro ou terapeuta de casais. Um profissional imparcial pode mediar e oferecer ferramentas de comunicação.
- **Lembrem-se do "Porquê":** Nos momentos de tensão, relembrem os objetivos maiores e o sonho de liberdade

financeira que vocês estão construindo juntos. Isso ajuda a colocar as divergências em perspectiva.

11.8 Revisão e Adaptação Constante

Assim como as finanças individuais, as finanças do casal não são estáticas. Elas precisam de revisão e adaptação contínuas.

11.8.1 Reuniões Financeiras Regulares

- **Frequência:** Definam uma frequência que funcione para vocês – semanal, quinzenal ou mensal. O importante é a regularidade.
- **Pauta:** Tenham uma pauta simples: revisão do orçamento do período, acompanhamento dos investimentos, discussão de novas despesas ou metas, planejamento para o próximo mês.
- **Ambiente Positivo:** Façam dessas reuniões um momento de parceria e celebração das conquistas, e não apenas de cobrança.

11.8.2 Ajustando o Plano Financeiro

- **Flexibilidade:** A vida é cheia de imprevistos e mudanças (novo emprego, filhos crescendo, doença, herança, mudança de cidade). O plano financeiro deve ser flexível para se adaptar a essas novas realidades.
- **Reavaliar Metas:** Com o tempo, as prioridades podem mudar. Reavaliem suas metas e ajustem o plano de acordo.

- **Celebrar Conquistas:** Cada meta alcançada deve ser celebrada em conjunto. Isso reforça a parceria e a motivação para continuar.

11.9 Família Próspera: O Papel do Dinheiro

Este capítulo demonstrou que as finanças em casal e família não precisam ser uma fonte de estresse, mas sim um poderoso vetor de união e crescimento. Ao praticar a transparência, a comunicação aberta, o alinhamento de objetivos e a disciplina no gerenciamento, vocês podem transformar o dinheiro em um verdadeiro aliado.

A riqueza verdadeira de uma família não se mede apenas pelo patrimônio, mas pela harmonia, segurança e capacidade de sonhar e realizar juntos. Que este guia ajude você e sua família a construir não apenas uma fortuna, mas uma vida cheia de propósito, liberdade e abundância.

CAPÍTULO 12 — PRÓXIMOS PASSOS

Parabéns! Você chegou ao final deste "Roteiro da Riqueza". Mas, na verdade, este não é um ponto de chegada, e sim um marco significativo em sua jornada contínua rumo à liberdade financeira. Ao longo destas páginas, você adquiriu um arsenal de conhecimento e estratégias, desmistificando o dinheiro e construindo um novo relacionamento com ele. O que você aprendeu aqui é a base; o verdadeiro poder reside na **aplicação consistente e na adaptação contínua**.

12.1 Relembrando os Pilares da Riqueza

Vamos fazer uma rápida recapitulação dos fundamentos que você agora domina, que servem como a espinha dorsal de sua prosperidade.

12.1.1 Mentalidade, Educação e Ação

- **Mentalidade:** Você aprendeu que a riqueza começa na mente. Quebrar mitos, cultivar a abundância e visualizar seus sonhos são os primeiros passos para reprogramar seu subconsciente para o sucesso. Sua forma de pensar sobre dinheiro é seu maior ativo.
- **Educação:** O conhecimento é poder. Entender como o dinheiro funciona, as diferentes opções de investimento, as armadilhas e as oportunidades é fundamental. A educação financeira contínua é um compromisso vitalício.

- **Ação:** Conhecimento sem ação é apenas informação. Você está pronto para aplicar o que aprendeu, para dar os primeiros passos e para persistir, mesmo diante dos desafios. Ação é o motor que transforma teoria em realidade.

12.1.2 Reserva, Orçamento e Dívidas Zero

- **Reserva de Emergência:** Seu escudo protetor. Essencial para enfrentar imprevistos sem desestruturar suas finanças ou recorrer a dívidas. Ela é sua base de segurança e o primeiro passo inteligente.
- **Orçamento Descomplicado:** Seu mapa financeiro. Entender para onde seu dinheiro vai, controlar seus gastos e direcioná-los para seus objetivos é a bússola que o mantém no caminho certo.
- **Dívidas Zero:** Libertar-se das dívidas de alto custo é um divisor de águas. Cada dívida quitada é um passo gigantesco em direção à liberdade e à capacidade de construir riqueza real.

12.1.3 Renda Ativa, Investimentos e Passiva

- **Renda Ativa:** Maximizar sua capacidade de gerar renda através de seu trabalho, habilidades e novas oportunidades ("side hustles") é o ponto de partida para acumular capital.
- **Investimentos:** Colocar seu dinheiro para trabalhar por você, explorando o universo da renda fixa, ações, FIIs e até mesmo

o potencial das criptomoedas (com inteligência e cautela), é crucial para multiplicar seu patrimônio.

- **Renda Passiva:** A verdadeira chave da liberdade. Construir fontes de renda que fluem com pouco ou nenhum esforço direto – seja de investimentos ou de ativos criados – é o que permite a você ter tempo e escolha.

12.1.4 Proteção de Patrimônio

- **Blindando Conquistas:** Seguros (vida, saúde, bens), previdência privada e planejamento sucessório são essenciais para proteger o que você construiu e garantir que seu legado seja transmitido com tranquilidade.

Esses pilares são interdependentes. Eles formam um sistema robusto que, quando aplicado de forma integrada, o levará a resultados extraordinários.

12.2 O Poder da Consistência e da Paciência

Muitos buscam uma "fórmula mágica" para a riqueza, um atalho secreto. A verdade é que a fórmula existe, e ela é surpreendentemente simples, mas desafiadora na execução: **consistência ao longo do tempo, combinada com paciência.**

12.2.1 Pequenos Passos, Grandes Resultados

- **O Efeito Acumulado:** Assim como uma gota d'água pode furar uma pedra com o tempo, pequenas ações financeiras diárias e semanais – economizar um pouco mais, investir uma pequena quantia, aprender um conceito novo – se acumulam ao longo dos meses e anos, gerando resultados massivos.

- **Evite o "Tudo ou Nada":** Não espere o momento perfeito ou uma grande soma de dinheiro para começar. Comece com o que você tem, onde você está. A perfeição é inimiga do progresso.

12.2.2 O Efeito dos Juros Compostos no Tempo

- **A "Oitava Maravilha":** Você já viu o poder dos juros compostos. Eles são a força que transforma seus pequenos aportes em uma avalanche de riqueza ao longo das décadas. Mas para que eles funcionem, é preciso tempo e reinvestimento.
- **Comece Cedo:** A idade é seu maior ativo no jogo dos investimentos. Quanto mais cedo você começa, mais tempo seus juros compostos têm para se multiplicar. Se você ainda não começou, o segundo melhor momento é AGORA.

12.3 Seu Mapa Para a Liberdade Financeira

Você tem um mapa, o conhecimento e a mentalidade. Agora é hora de traçar sua própria rota personalizada.

12.3.1 Revisite Seus Sonhos e Metas

- **Visão Clara:** O que significa "liberdade financeira" para você? É poder morar em outro país? Ter um negócio que te dá prazer? Viajar o mundo? Ajudar sua família? Ser capaz de parar de trabalhar? Visualize isso com clareza.

- **Metas SMART:** Transforme seus sonhos em metas Específicas, Mensuráveis, Atingíveis, Relevantes e com Prazo Definido. Coloque-as no papel.

12.3.2 O Plano de Ação Personalizado

- **Seu Roteiro Único:** Este livro é um guia, mas sua jornada é única. Crie seu próprio plano de ação. Quais serão seus próximos 3 passos? E os próximos 6 meses?
- **Divida e Conquiste:** Divida seus grandes objetivos em tarefas menores e mais gerenciáveis. Isso torna o processo menos assustador e mais fácil de começar.
- **Responsabilidade:** Quem será responsável por cada etapa? (Se for em casal, defina isso juntos, como no Capítulo 11).
- **Acompanhamento:** Marque um dia na sua agenda para revisar seu progresso. Sem acompanhamento, o plano vira um mero desejo.

12.4 Educação Financeira Contínua

A jornada da riqueza é uma maratona de aprendizado. O mundo financeiro evolui, e você também deve evoluir.

12.4.1 Acompanhe as Oportunidades

- **Leitura Diária:** Dedique 15-30 minutos por dia a ler notícias financeiras, artigos sobre investimentos, livros.

- **Fontes Confiáveis:** Siga economistas, analistas financeiros, canais e blogs de educação financeira respeitáveis. Cuidado com gurus de "enriquecimento rápido".
- **Mantenha a Mente Aberta:** Novas tecnologias como as criptomoedas surgiram e continuarão a surgir. Esteja aberto a aprender sobre elas, mas com o devido cuidado e pesquisa.

12.4.2 Busque Conhecimento em Fontes Diversas

- **Diversifique seu Aprendizado:** Não se limite a um único tipo de investimento ou estratégia. Explore diferentes abordagens, mercados e filosofias.
- **Participe de Comunidades:** Engaje-se em grupos de discussão, fóruns ou comunidades online onde possa trocar experiências e aprender com outros investidores.
- **Consulte Especialistas:** Não hesite em procurar a ajuda de um planejador financeiro, contador ou consultor de investimentos quando as decisões se tornarem mais complexas. O investimento no conhecimento é um dos que mais rende.

12.5 A Verdadeira Abundância e Propósito

Enquanto você constrói sua fortuna financeira, nunca perca de vista que o dinheiro é um meio, não um fim. A verdadeira riqueza é mais ampla e profunda.

12.5.1 Saúde, Relacionamentos e Bem-Estar

- **Seu Corpo, Seu Templo:** Nenhuma quantidade de dinheiro compensa uma saúde debilitada. Invista em sua saúde física e mental. Exercite-se, alimente-se bem, durma o suficiente, gerencie o estresse.
- **Cultive Conexões:** Seus relacionamentos com família e amigos são inestimáveis. Dedique tempo e energia para nutrir essas conexões. A riqueza sem pessoas para compartilhar é vazia.
- **Paz Interior:** A liberdade financeira traz a paz de espírito, mas a paz interior é construída com autoconhecimento, gratidão e um senso de propósito.

12.5.2 O Impacto Positivo no Mundo

- **Generosidade:** Use sua riqueza e suas habilidades para fazer a diferença. Doar, voluntariar, investir em causas que você acredita – isso completa o ciclo da abundância.
- **Legado:** Pense no impacto que você quer deixar para as futuras gerações, para sua comunidade, para o planeta. Seu dinheiro pode ser uma poderosa ferramenta de transformação positiva.

12.6 Ação é a Chave

Tudo o que você leu neste livro é valioso, mas só ganhará vida se você agir.

12.6.1 Comece Pequeno, Comece Agora

- **O Primeiro Passo:** Não espere a perfeição. O importante é começar. Faça aquele orçamento que você adiou, comece a poupar um valor mínimo para a reserva, estude sobre um investimento simples.
- **Conquistas Diárias:** Celebre cada pequena vitória. Cada dívida quitada, cada real economizado, cada novo conhecimento adquirido é um passo à frente.

12.6.2 Procrastinação: Inimiga da Prosperidade

- **Não Deixe Para Depois:** A procrastinação é o maior ladrão de sonhos. O tempo é seu ativo mais valioso no mundo financeiro. Cada dia que você adia uma ação, você está perdendo o potencial dos juros compostos e das oportunidades.
- **Assuma o Controle:** Você tem o poder de mudar sua realidade financeira. Não espere que as coisas "melhorem" sozinhas. Aja.

12.7 O Autor Acredita em Você

Minha mais profunda gratidão a você, leitor, por dedicar seu tempo e sua energia a este "Roteiro da Riqueza". Acredito firmemente que o conhecimento é a chave que destranca portas para a liberdade, e estou honrado por ter sido seu guia nesta jornada.

Lembre-se: **você é capaz**. Não importa sua origem, sua renda atual ou seus desafios passados. A verdadeira riqueza está ao alcance de todos que se dedicam a aprender e a agir. Sua mente é seu maior ativo, e com ela alinhada, você pode conquistar qualquer objetivo financeiro que se propuser.

Não subestime seu potencial. Não se conforme com menos do que você merece. A liberdade financeira não é um privilégio de poucos, mas uma escolha diária, um hábito consistente e uma busca incansável por conhecimento e aplicação.

Você tem o mapa. O futuro está em suas mãos. Vá e construa a vida abundante e com propósito que você sempre sonhou.

Com carinho e votos de sucesso extraordinário,

Marcelo Manzoli.

RESUMO

Caro leitor, você acaba de percorrer uma jornada intensa e reveladora pelo universo da liberdade financeira. Cada capítulo foi cuidadosamente desenhado para equipá-lo com o conhecimento e as ferramentas necessárias para que você tome as rédeas do seu **futuro** financeiro. Vamos recapitular os pilares essenciais e os aprendizados transformadores que você agora carrega consigo:

A Mentalidade é o Seu Alicerce Invisível: A riqueza não começa na sua conta bancária, mas na sua mente. Você aprendeu a desmistificar o dinheiro, quebrar crenças limitantes como "dinheiro é sujo" ou "é preciso nascer rico", e a cultivar uma mentalidade de abundância. Sua capacidade de sonhar grande, definir metas claras e utilizar a visualização e afirmações positivas são ferramentas poderosas para reprogramar seu subconsciente e atrair a prosperidade. Lembre-se: o dinheiro é uma ferramenta neutra, e o propósito que você dá a ele define seu poder de transformação.

A Base da Segurança é Inegociável: Antes de investir, você precisa construir sua fortaleza. A Reserva de Emergência é seu escudo protetor, garantindo que imprevistos não virem dívidas. Você sabe calcular o valor ideal e onde guardá-la com segurança e liquidez, permitindo-lhe dormir em paz e investir com confiança.

Orçamento: Seu Mapa e Sua Bússola: Controlar o dinheiro não é sobre privação, mas sobre controle. O orçamento descomplicado te ensinou a conhecer suas receitas e despesas, a categorizar seus gastos e a aplicar regras como a 50-30-20. Agora, você pode cortar gastos de forma inteligente e acompanhar seu dinheiro com disciplina, transformando o orçamento em um hábito que te dá poder sobre suas finanças.

Dívidas Zero: O Caminho para a Liberdade Real: Você aprendeu a olhar para as dívidas sem medo, a identificá-las e a usar estratégias comprovadas como a "bola de neve" ou a "avalanche" para quitá-las. Mais importante, você foi munido de ferramentas para se blindar contra novas dívidas, garantindo que o ciclo vicioso seja quebrado para sempre. Dívidas zero significam liberdade total para seus objetivos.

Multiplicando Sua Renda Ativa: Sua renda não precisa ser limitada ao seu salário. Você descobriu a mentalidade de "gerador de valor" e a importância de investir em si mesmo. Aprendeu estratégias para aumentar sua renda no emprego atual e a criar "side hustles" ou pequenos negócios que alavancam suas habilidades e tempo livre, abrindo um leque de novas oportunidades financeiras.

Desvendando o Mundo dos Investimentos: Ações, Fundos Imobiliários e Diversificação não são mais um mistério. Você compreendeu a relação entre risco e retorno, a importância da diversificação estratégica e como montar sua primeira carteira de investimentos. Aprendeu sobre dividendos, aluguéis de FIIs e os erros comuns a evitar, acelerando sua jornada de crescimento financeiro.

Bitcoin e Criptomoedas: Uma Nova Fronteira com Consciência: Você foi introduzido ao fascinante e volátil mundo das criptomoedas, entendendo o Bitcoin como o "ouro digital" e a tecnologia blockchain. Mais importante, você aprendeu sobre seus riscos e oportunidades, como investir de forma segura e inteligente, e como integrar esses ativos em sua carteira com uma perspectiva de longo prazo e cautela.

Proteção do Patrimônio: Blindando Suas Conquistas: Acumular é importante, mas proteger é fundamental. Você viu a importância de seguros essenciais (vida, saúde, automóvel, residencial) como aliados contra imprevistos. Entendeu a previdência privada como um complemento vital para sua aposentadoria e o valor inestimável do planejamento sucessório (testamento, doação, holding familiar) para garantir a tranquilidade e o legado da sua família.

Renda Passiva: Sua Máquina de Dinheiro: Esta é a verdadeira chave da liberdade financeira. Você desmistificou a renda passiva, compreendendo que ela exige esforço inicial e inteligência, mas libera seu tempo. Aprendeu a construir múltiplos fluxos através de investimentos (dividendos, FIIs, juros) e da criação de ativos (cursos, blogs, aluguel de bens), e a importância vital do reinvestimento e dos juros compostos.

A Mentalidade dos Ricos: Além do Dinheiro: Você mergulhou nos hábitos e atitudes dos indivíduos prósperos: aprendizado contínuo, disciplina, valorização do tempo, pensamento de longo prazo, assumir riscos calculados, construir um networking de valor e praticar a generosidade. A verdadeira riqueza é um equilíbrio entre dinheiro, saúde e relacionamentos.

Gestão Financeira para Casais e Famílias: O dinheiro pode ser um elo de união. Você aprendeu a importância da transparência, do alinhamento de objetivos e de modelos de gestão financeira que funcionam para o casal. Discutir dívidas, superar desentendimentos com empatia e educar os filhos financeiramente são passos cruciais para construir uma vida feliz e próspera em conjunto.

CONCLUSÃO

Caro leitor,

Você não apenas leu um livro sobre finanças; você embarcou em um Roteiro da Riqueza que é, em sua essência, um mapa para uma vida extraordinária. Este não é o fim de sua jornada, mas o glorioso início de uma nova fase, onde você assume o controle total do seu **caminho** financeiro e, consequentemente, da sua vida.

Pense por um momento: quantos vivem à mercê do dinheiro, reféns de salários que mal cobrem as contas, presos em ciclos de dívidas e preocupações? Você, agora, não é um deles. Você escolheu ser diferente. Você escolheu aprender, crescer e agir. Cada página virada, cada conceito absorvido, cada passo prático que você der a partir de agora é uma declaração de que você merece mais, e que está disposto a construir esse "mais".

A liberdade financeira que você busca não é um privilégio de poucos, mas uma conquista de quem se atreve a sonhar grande e a ser implacável na execução. Não se trata de ter milhões por ter milhões, mas de ter a liberdade de tempo para seus amores, a tranquilidade para sua alma, a segurança para sua família e a capacidade de impactar o mundo com seu propósito. É poder escolher como você vive, como você trabalha e como você contribui.

Este conhecimento, quando aplicado, se tornará épico e extraordinário em sua vida.

Aplique a mentalidade: Desperte a cada manhã com a convicção de que há abundância ao seu redor e que você é digno de prosperidade. Desafie qualquer voz interna ou externa que tente limitar seu potencial.

Aplique a disciplina: Os pequenos hábitos diários – o orçamento, os aportes, o aprendizado contínuo – são seus superpoderes. Eles parecem insignificantes no dia a dia, mas são os construtores silenciosos de impérios.

Aplique a coragem: Enfrente suas dívidas, explore novos investimentos, ouse aumentar sua renda. O crescimento real acontece fora da zona de conforto.

Aplique a paciência: A riqueza é uma maratona, não um sprint. Confie no processo, celebre cada pequena vitória e permita que o tempo e os juros compostos operem a sua magia.

Aplique a generosidade: Lembre-se sempre que a verdadeira riqueza se manifesta quando você pode impactar positivamente a vida de outros. Use seu sucesso para elevar, inspirar e ajudar.

Este é o seu momento de transcender as preocupações financeiras e construir uma vida onde o dinheiro serve como uma ferramenta poderosa para seus maiores sonhos e propósitos. O roteiro está traçado. O conhecimento está em suas mãos.

O que você fará a partir de agora com essa nova sabedoria?

Que sua jornada seja repleta de prosperidade, significado e uma liberdade que transcende todas as expectativas. O mundo aguarda a sua versão mais abundante. Vá e conquiste!

Com a mais sincera admiração,

Marcelo Manzoli.

www.ingramcontent.com/pod-product-compliance
Ingram Content Group UK Ltd.
Pitfield, Milton Keynes, MK11 3LW, UK
UKHW020725041026
15590UKWH00002B/879

9 786501 536965